Suhrkamp BasisBib...

D1351153

Annette von Droste-Hülshoff
Die Judenbuche

Ein Sittengemälde aus dem gebirgichten Westphalen

Mit einem Kommentar
von Christian Begemann

Suhrkamp

Der vorliegende Text folgt der Ausgabe:
Annette von Droste-Hülshoff, Sämtliche Werke in zwei Bänden.
Herausgegeben von Bodo Plachta und Winfried Woesler.
Band 2: Prosa, Versepen, Dramatische Versuche,
Übersetzungen.
Herausgegeben von Bodo Plachta und Winfried Woesler.
Frankfurt am Main: Deutscher Klassiker Verlag 1994, S. 11–62.

Originalausgabe
Suhrkamp BasisBibliothek 14
Erste Auflage 1999

Satz: Pagina GmbH, Tübingen
Druck: Ebner Ulm
Umschlaggestaltung: Hermann Michels
Printed in Germany

1 2 3 4 5 6 – 04 03 02 01 00 99

Inhalt

Die Judenbuche
Ein Sittengemälde aus dem gebirgichten
Westphalen

⌜Wo ist die Hand so zart, daß ohne Irren
Sie sondern mag beschränkten Hirnes Wirren,
So fest, daß ohne Zittern sie den Stein
Mag schleudern auf ein arm verkümmert Sein?
Wer wagt es, eitlen Blutes Drang zu messen,
Zu wägen jedes Wort, das unvergessen
In junge Brust die zähen Wurzeln trieb,
Des Vorurteils geheimen Seelendieb?
Du Glücklicher, geboren und gehegt
Im lichten Raum, von frommer Hand gepflegt,
Leg hin die Waagschal', nimmer dir erlaubt!
Laß ruhn den Stein – er trifft dein eignes Haupt! –⌝

Friedrich Mergel, geboren 1738, war der einzige Sohn eines sogenannten Halbmeiers* oder Grundeigentümers geringerer Klasse im Dorfe B., das, so schlecht gebaut und
rauchig es sein mag, doch das Auge jedes Reisenden fesselt
durch die überaus malerische Schönheit seiner Lage in der
grünen Waldschlucht eines bedeutenden und ⌜geschichtlich
merkwürdigen Gebirges⌝. Das Ländchen, dem es angehörte, war damals einer jener abgeschlossenen Erdwinkel
ohne Fabriken und Handel, ohne Heerstraßen, wo noch
ein fremdes Gesicht Aufsehen erregte, und eine Reise von
dreißig Meilen selbst den Vornehmeren zum Ulysses* seiner Gegend machte – kurz, ein Fleck, wie es deren sonst so
viele in Deutschland gab, mit all den Mängeln und Tugenden, all der Originalität und Beschränktheit, wie sie nur in
solchen Zuständen gedeihen. Unter höchst einfachen und
häufig unzulänglichen Gesetzen waren die Begriffe der Einwohner von Recht und Unrecht einigermaßen in Verwirrung geraten, oder vielmehr, es hatte sich neben dem gesetzlichen ein zweites Recht gebildet, ein Recht der öffent-

Bauer, der
seinem Grundherrn dienstpflichtig ist

Odysseus

lichen Meinung, der Gewohnheit und der durch Vernachlässigung entstandenen Verjährung. Die Gutsbesitzer, denen die ⌈niedere Gerichtsbarkeit⌉ zustand, straften und be-
lohnten nach ihrer in den meisten Fällen redlichen Einsicht;
der Untergebene tat, was ihm ausführbar und mit einem   5
etwas weiten Gewissen verträglich schien, und nur dem
Verlierenden fiel es zuweilen ein, in alten staubichten Ur-
kunden nachzuschlagen. – Es ist schwer, jene Zeit* un-
parteiisch in's Auge zu fassen; sie ist seit ihrem Verschwin-
den entweder hochmütig getadelt oder albern gelobt wor-   10
den, da den, der sie erlebte, zu viel teure Erinnerungen
blenden und der Spätergeborene sie nicht begreift. So viel
darf man indessen behaupten, daß die Form schwächer,
der Kern fester, Vergehen häufiger, Gewissenlosigkeit
seltener waren. Denn wer nach seiner Überzeugung han-   15
delt, und sei sie noch so mangelhaft, kann nie ganz zu
Grunde gehen, wogegen nichts seelentötender wirkt, als
gegen das innere Rechtsgefühl das äußere Recht in Anspruch nehmen.

⌈Ein Menschenschlag⌉, unruhiger und unternehmender als   20
alle seine Nachbarn, ließ in dem ⌈kleinen Staate⌉, von dem
wir reden, manches weit greller hervortreten als anderswo
unter gleichen Umständen. ⌈Holz- und Jagdfrevel⌉ waren
an der Tagesordnung, und bei den häufig vorfallenden
Schlägereien hatte sich jeder selbst seines zerschlagenen   25
Kopfes zu trösten. Da jedoch große und ergiebige Waldun-
gen den Hauptreichtum des Landes ausmachten, ward allerdings scharf über die Forsten gewacht, aber weniger auf
gesetzlichem Wege, als in stets erneuten Versuchen, Gewalt
und List mit gleichen Waffen zu überbieten.   30

Das Dorf B. galt für die hochmütigste, schlauste und kühn-
ste Gemeinde des ganzen Fürstentums. Seine Lage inmitten
tiefer und stolzer Waldeinsamkeit mochte schon früh den
angeborenen Starrsinn der Gemüter nähren; die Nähe eines Flusses*, der in die See mündete und bedeckte Fahrzeu-   35

ge trug, groß genug, um Schiffbauholz bequem und sicher
außer Land zu führen, trug sehr dazu bei, die natürliche
Kühnheit der Holzfrevler zu ermutigen, und der Umstand,
daß Alles umher von Förstern wimmelte, konnte hier nur
aufregend* wirken, da bei den häufig vorkommenden als Heraus-forderung
Scharmützeln* der Vorteil meist auf Seiten der Bauern kleineren Gefechten
blieb. Dreißig, vierzig Wagen zogen zugleich aus in den
schönen Mondnächten, mit ungefähr doppelt so viel
Mannschaft jedes Alters, vom halbwüchsigen Knaben bis
zum siebzigjährigen Ortsvorsteher, der als erfahrener Leit-
bock den Zug mit gleich stolzem Bewußtsein anführte, als
er seinen Sitz in der Gerichtsstube einnahm. Die Zurückge-
bliebenen horchten sorglos dem allmählichen Verhallen
des Knarrens und Stoßens der Räder in den Hohlwegen
und schliefen sacht weiter. Ein gelegentlicher Schuß, ein
schwacher Schrei ließen wohl einmal eine junge Frau oder
Braut auffahren; kein anderer achtete darauf. Beim ersten
Morgengrau kehrte der Zug eben so schweigend heim, die
Gesichter glühend wie Erz, hier und dort einer mit verbun-
denem Kopf, was weiter nicht in Betracht kam, und nach
ein paar Stunden war die Umgegend voll von dem Mißge-
schick eines oder mehrerer Forstbeamten, die aus dem
Walde getragen wurden, zerschlagen, mit Schnupftabak wohl durch Blasen in die Augen
geblendet* und für einige Zeit unfähig, ihrem Berufe nach-
zukommen.

In diesen Umgebungen ward Friedrich Mergel geboren, in
einem Hause, das durch die stolze Zugabe eines Rauch-
fangs und minder kleiner Glasscheiben die Ansprüche seines Erbauers, so wie durch seine gegenwärtige Verkommenheit die kümmerlichen Umstände des jetzigen Besitzers
bezeugte. Das frühere Geländer um Hof und Garten war
einem vernachlässigten Zaune gewichen, das Dach schad-
haft, fremdes Vieh weidete auf den Triften*, fremdes Korn Weiden
wuchs auf dem Acker zunächst am Hofe, und der Garten
enthielt, außer ein paar holzichten Rosenstöcken aus bes-

serer Zeit, mehr Unkraut als Kraut. Freilich hatten Unglücksfälle manches hiervon herbeigeführt; doch war auch viel Unordnung und böse Wirtschaft im Spiel. Friedrichs Vater, der alte Hermann Mergel, war in seinem Junggesellenstande ein sogenannter ordentlicher Säufer, d. h. einer, der nur an Sonn- und Festtagen in der Rinne lag und die Woche hindurch so manierlich* war wie ein Anderer. So war denn auch seine Bewerbung um ein recht hübsches und wohlhabendes Mädchen ihm nicht erschwert. Auf der Hochzeit ging's lustig zu. Mergel war gar nicht zu arg betrunken, und die Eltern der Braut gingen Abends vergnügt heim; aber am nächsten Sonntage sah man die junge Frau schreiend und blutrünstig* durch's Dorf zu den Ihrigen rennen, alle ihre guten Kleider und neues Hausgerät im Stich lassend. Das war freilich ein großer Skandal und Ärger für Mergel, der allerdings Trostes bedurfte. So war denn auch am Nachmittage keine Scheibe an seinem Hause mehr ganz, und man sah ihn noch bis spät in die Nacht vor der Türschwelle liegen, einen abgebrochenen Flaschenhals von Zeit zu Zeit zum Munde führend und sich Gesicht und Hände jämmerlich zerschneidend. Die junge Frau blieb bei ihren Eltern, wo sie bald verkümmerte und starb. Ob nun den Mergel Reue quälte oder Scham, genug, er schien der Trostmittel immer bedürftiger und fing bald an, den gänzlich verkommenen Subjekten zugezählt zu werden.

Die Wirtschaft verfiel; fremde Mägde brachten Schimpf und Schaden; so verging Jahr auf Jahr. Mergel war und blieb ein verlegener* und zuletzt ziemlich armseliger Witwer, bis er mit einemmale wieder als Bräutigam auftrat. War die Sache an und für sich unerwartet, so trug die Persönlichkeit der Braut noch dazu bei, die Verwunderung zu erhöhen. Margareth Semmler war eine brave, anständige Person, so in den Vierzigen, in ihrer Jugend eine Dorfschönheit und noch jetzt als sehr klug und wirtlich* geachtet, dabei nicht unvermögend; und so mußte es Jedem un-

5

10

15

20

25

30

35

anständig, wohlerzogen

blutend, blutig

träger, untätiger, unschlüssiger

hier im Sinne von: wirtschaftlich, haushälterisch, sparsam

begreiflich sein, was sie zu diesem Schritte getrieben. Wir glauben den Grund eben in dieser ihrer selbstbewußten Vollkommenheit zu finden. Am Abend vor der Hochzeit soll sie gesagt haben: »Eine Frau, die von ihrem Manne
5 übel behandelt wird, ist dumm oder taugt nicht: wenn's mir schlecht geht, so sagt, es liege an mir.« Der Erfolg zeigte leider, daß sie ihre Kräfte überschätzt hatte. Anfangs imponierte* sie ihrem Manne; er kam nicht nach Haus oder kroch in die Scheune, wenn er sich übernommen* hatte;
10 aber das Joch war zu drückend, um lange getragen zu werden, und bald sah man ihn oft genug quer über die Gasse in's Haus taumeln, hörte drinnen sein wüstes Lärmen und sah Margreth eilends Tür und Fenster schließen. An einem solchen Tage – ⌈keinem Sonntage mehr⌉ – sah man sie
15 Abends aus dem Hause stürzen, ohne Haube und Halstuch, das Haar wild um den Kopf hängend, sich im Garten neben ein Krautbeet niederwerfen und die Erde mit den Händen aufwühlen, dann ängstlich um sich schauen, rasch ein Bündel Kräuter brechen und damit langsam wieder
20 dem Hause zugehen, aber nicht hinein, sondern in die Scheune. Es hieß, an diesem Tage habe Mergel zuerst Hand an sie gelegt, obwohl das Bekenntnis nie über ihre Lippen kam.

Das zweite Jahr dieser unglücklichen Ehe ward mit einem
25 Sohne, man kann nicht sagen erfreut, denn Margreth soll sehr geweint haben, als man ihr das Kind reichte. Dennoch, obwohl unter einem Herzen voll Gram getragen, war Friedrich ein gesundes, hübsches Kind, das in der frischen Luft kräftig gedieh. Der Vater hatte ihn sehr lieb, kam nie
30 nach Hause, ohne ihm ein Stückchen Wecken* oder dergleichen mitzubringen, und man meinte sogar, er sei seit der Geburt des Knaben ordentlicher geworden; wenigstens ward der Lärmen im Hause geringer.

Friedrich stand in seinem neunten Jahre. Es war um das
35 ⌈Fest der heiligen drei Könige⌉, eine harte, stürmische Win-

beeindruckte

zu viel
getrunken

Weizen-
brötchen

ternacht. Hermann war zu einer Hochzeit gegangen und hatte sich schon bei Zeiten auf den Weg gemacht, da das Brauthaus Dreiviertelmeilen entfernt lag. Obgleich er versprochen hatte, Abends wiederzukommen, rechnete Frau Mergel doch um so weniger darauf, da sich nach Sonnenuntergang dichtes Schneegestöber eingestellt hatte. Gegen zehn Uhr schürte sie die Asche am Herde zusammen und machte sich zum Schlafengehen bereit. Friedrich stand neben ihr, schon halb entkleidet und horchte auf das Geheul des Windes und das Klappen der Bodenfenster.

»Mutter, kommt der Vater heute nicht?« fragte er. – »Nein, Kind, morgen.« – »Aber warum nicht, Mutter? er hat's doch versprochen.« – »Ach Gott, wenn der Alles hielte, was er verspricht! Mach, mach voran, daß du fertig wirst.«

Sie hatten sich kaum niedergelegt, so erhob sich eine Windsbraut, als ob sie das Haus mitnehmen wollte. Die Bettstatt bebte und im Schornstein rasselte es wie ein Kobold. – ⌈»Mutter – es pocht draußen!«⌉ – »Still, Fritzchen, das ist das lockere Brett im Giebel, das der Wind jagt.« – »Nein, Mutter, an der Tür!« – »Sie schließt nicht; die Klinke ist zerbrochen. Gott, schlaf doch! bring mich nicht um das armselige Bißchen Nachtruhe.« – »Aber wenn nun der Vater kommt?« – Die Mutter drehte sich heftig im Bett um. – »Den hält der Teufel fest genug!« – »Wo ist der Teufel, Mutter?« – »Wart du Unrast*! er steht vor der Tür und will dich holen, wenn du nicht ruhig bist!«

Friedrich ward still; er horchte noch ein Weilchen und schlief dann ein. Nach einigen Stunden erwachte er. Der Wind hatte sich gewendet und zischte jetzt wie eine Schlange durch die Fensterritze an seinem Ohr. Seine Schulter war erstarrt; er kroch tief unter's Deckbett und lag aus Furcht ganz still. Nach einer Weile bemerkte er, daß die Mutter auch nicht schlief. Er hörte sie weinen und mitunter: »Gegrüßt seist du, Maria!« und: »bitte für uns arme Sünder!«

ruheloses Kind

Die Kügelchen des Rosenkranzes glitten an seinem Gesicht hin. – Ein unwillkürlicher Seufzer entfuhr ihm. – »Friedrich, bist du wach?« – »Ja, Mutter.« – »Kind, bete ein wenig – du kannst ja schon das halbe Vaterunser – daß Gott uns bewahre vor Wasser- und Feuersnot.«

Friedrich dachte an den Teufel, wie der wohl aussehen möge. Das mannigfache Geräusch und Getöse im Hause kam ihm wunderlich vor. Er meinte, es müsse etwas Lebendiges drinnen sein und draußen auch. »Hör', Mutter, gewiß, da sind Leute, die pochen.« – »Ach nein, Kind; aber es ist kein altes Brett im Hause, das nicht klappert.« – »Hör'! hörst du nicht? es ruft! hör' doch!«

Die Mutter richtete sich auf; das Toben des Sturms ließ einen Augenblick nach. Man hörte deutlich an den Fensterladen pochen und mehrere Stimmen: »Margreth! Frau Margreth, heda, aufgemacht!« – Margreth stieß einen heftigen Laut aus: »Da bringen sie mir das Schwein wieder!«

Der Rosenkranz flog klappernd auf den Brettstuhl, die Kleider wurden herbeigerissen. Sie fuhr zum Herde und bald darauf hörte Friedrich sie mit trotzigen Schritten über die Tenne* gehen. Margreth kam gar nicht wieder; aber in der Küche war viel Gemurmel und fremde Stimmen. Zweimal kam ein fremder Mann in die Kammer und schien ängstlich etwas zu suchen. Mit einemmale ward eine Lampe hereingebracht. Zwei Männer führten die Mutter. Sie war weiß wie Kreide und hatte die Augen geschlossen. Friedrich meinte, sie sei tot; er erhob ein fürchterliches Geschrei, worauf ihm Jemand eine Ohrfeige gab, was ihn zur Ruhe brachte, und nun begriff er nach und nach aus den Reden der Umstehenden, daß der Vater vom Ohm* Franz Semmler und dem Hülsmeyer tot im Holze gefunden sei und jetzt in der Küche liege.

Sobald Margreth wieder zur Besinnung kam, suchte sie die fremden Leute los zu werden. Der Bruder blieb bei ihr und Friedrich, dem bei strenger Strafe im Bett zu bleiben ge-

Dreschplatz

Oheim, Mutterbruder, Onkel

boten war, hörte die ganze Nacht hindurch das Feuer in der Küche knistern und ein Geräusch wie von Hin- und Her-rutschen und Bürsten*. Gesprochen ward wenig und leise, aber zuweilen drangen Seufzer herüber, die dem Knaben, so jung er war, durch Mark und Bein gingen. Einmal verstand er, daß der Oheim sagte: »Margreth, zieh dir das nicht zu Gemüt; ⌐wir wollen Jeder drei Messen lesen lassen, und um Ostern gehen wir zusammen eine Bittfahrt zur Muttergottes von Werl⌐.«

Als nach zwei Tagen die Leiche fortgetragen wurde, saß Margreth am Herde, das Gesicht mit der Schürze verhüllend. Nach einigen Minuten, als alles still geworden war, sagte sie in sich hinein: »Zehn Jahre, zehn Kreuze. Wir haben sie doch zusammen getragen, und jetzt bin ich allein!« dann lauter: »Fritzchen, komm her!« – Friedrich kam scheu heran; die Mutter war ihm ganz unheimlich geworden mit den ⌐schwarzen Bändern⌐ und den verstörten Zügen. »Fritzchen,« sagte sie, »willst du jetzt auch fromm sein, daß ich Freude an dir habe, oder willst du unartig sein und lügen, oder saufen und stehlen?« – ⌐»Mutter, Hülsmeyer stiehlt.« – »Hülsmeyer? Gott bewahre! Soll ich dir auf den Rücken kommen? wer sagt dir so schlechtes Zeug?« – »Er hat neulich den Aaron geprügelt und ihm sechs Groschen genommen.« – »Hat er dem Aaron Geld genommen, so hat ihn der verfluchte Jude gewiß zuvor darum betrogen. Hülsmeyer ist ein ordentlicher, angesessener* Mann, und die Juden sind alle Schelme*.« – »Aber, Mutter, Brandis sagt auch, daß er Holz und Rehe stiehlt.« – »Kind, Brandis ist ein Förster.« – »Mutter, lügen die Förster?«⌐ Margreth schwieg eine Weile; dann sagte sie: ⌐»Höre, Fritz, das Holz läßt unser Herrgott frei wachsen und das Wild wechselt aus eines Herren Lande in das andere; die können Niemand angehören.⌐ Doch das verstehst du noch nicht; jetzt geh in den Schoppen* und hole mir Reisig*.«

Friedrich hatte seinen Vater auf dem Stroh gesehen, wo er,

offenbar von der Totenwäsche

ortsansässiger und daher angesehener

Betrüger

Schuppen, Scheune

kleine Zweige

wie man sagt, blau und fürchterlich ausgesehen haben soll.
Aber davon erzählte er nie und schien ungern daran zu
denken. Überhaupt hatte die Erinnerung an seinen Vater
eine mit Grausen gemischte Zärtlichkeit in ihm zurückge-
5 lassen, wie denn nichts so fesselt, wie die Liebe und Sorgfalt
eines Wesens, das gegen alles Übrige verhärtet scheint, und
bei Friedrich wuchs dieses Gefühl mit den Jahren, durch
das Gefühl mancher Zurücksetzung von Seiten Anderer. Es
war ihm äußerst empfindlich, wenn, so lange er Kind war,
10 Jemand des Verstorbenen nicht allzu löblich gedachte; ein
Kummer, den ihm das Zartgefühl der Nachbarn nicht er-
sparte. ⌜Es ist gewöhnlich in jenen Gegenden, den Verunglückten die Ruhe im Grabe abzusprechen. Der alte Mergel
war das Gespenst des Brederholzes geworden; einen Be-
15 trunkenen führte er als Irrlicht bei einem Haar in den Zel-
lerkolk (Teich); die Hirtenknaben, wenn sie Nachts bei ihren Feuern kauerten und die Eulen in den Gründen schrien,
hörten zuweilen in abgebrochenen Tönen ganz deutlich
dazwischen sein: »Hör mal an, fein's Lieseken,« und ein
20 unprivilegierter* Holzhauer, der unter der breiten Eiche
eingeschlafen und dem es darüber Nacht geworden war,
hatte beim Erwachen sein geschwollenes blaues Gesicht
durch die Zweige lauschen sehen.⌝ Friedrich mußte von
andern Knaben Vieles darüber hören; dann heulte er,
25 schlug um sich, stach auch einmal mit seinem Messerchen
und wurde bei dieser Gelegenheit jämmerlich geprügelt.
Seitdem trieb er seiner Mutter Kühe allein an das andere
Ende des Tales, wo man ihn oft Stunden lang in derselben
Stellung im Grase liegen und den Thymian aus dem Boden
30 rupfen sah.
Er war zwölf Jahre alt, als seine Mutter einen Besuch von
ihrem jüngern Bruder erhielt, der in Brede wohnte und seit
der törichten Heirat seiner Schwester ihre Schwelle nicht
betreten hatte. ⌜Simon Semmler war ein kleiner, unruhiger,
35 magerer Mann mit vor dem Kopf liegenden Fischaugen

Holzhauer
ohne Berech-
tigung:
ironische Um-
schreibung für
›Holzdieb‹

und überhaupt einem Gesicht wie ein Hecht⌐, ein unheimlicher Geselle, bei dem dicktuende* Verschlossenheit oft mit ebenso gesuchter Treuherzigkeit wechselte, der gern einen ⌐aufgeklärten Kopf⌐ vorgestellt hätte und statt dessen für einen fatalen*, Händel* suchenden Kerl galt, dem Jeder um so lieber aus dem Wege ging, je mehr er in das Alter trat, wo ohnehin beschränkte Menschen leicht an Ansprüchen gewinnen, was sie an Brauchbarkeit verlieren. Dennoch freute sich die arme Margreth, die sonst keinen der Ihrigen mehr am Leben hatte.

»Simon, bist du da?« sagte sie, und zitterte, daß sie sich am Stuhle halten mußte. »Willst du sehen, wie es mir geht und meinem schmutzigen Jungen?« – Simon betrachtete sie ernst und reichte ihr die Hand: »Du bist alt geworden, Margreth!« – Margreth seufzte: »Es ist mir derweil oft bitterlich gegangen mit allerlei Schicksalen.« – ⌐»Ja, Mädchen, zu spät gefreit, hat immer gereut! Jetzt bist du alt und das Kind ist klein. Jedes Ding hat seine Zeit. Aber wenn ein altes Haus brennt, dann hilft kein Löschen.«⌐ – Über Margreths vergrämtes Gesicht flog eine Flamme so rot wie Blut. ⌐»Aber ich höre, dein Junge ist schlau und gewichst*,« fuhr Simon fort. – »Ei nun so ziemlich, und dabei fromm.« – »Hum, 's hat mal Einer eine Kuh gestohlen, der hieß auch Fromm. Aber er ist still und nachdenklich, nicht wahr? er läuft nicht mit den andern Buben?« – »Er ist ein eigenes Kind,« sagte Margreth wie für sich; »es ist nicht gut.« – Simon lachte hell auf: »Dein Junge ist scheu, weil ihn die andern ein paarmal gut durchgedroschen haben. Das wird ihnen der Bursche schon wieder bezahlen. Hülsmeyer war neulich bei mir; der sagte, es ist ein Junge wie 'n Reh.« Welcher Mutter geht das Herz nicht auf, wenn sie ihr Kind loben hört? Der armen Margreth ward selten so wohl, Jedermann nannte ihren Jungen tückisch und verschlossen. Die Tränen traten ihr in die Augen. »Ja, Gottlob, er hat gerade Glieder.« – »Wie sieht er aus?« fuhr Simon fort. – »Er hat viel von dir, Simon, viel.«

Die Judenbuche

Simon lachte: »Ei, das muß ein rarer Kerl sein, ich werde alle Tage schöner. An der Schule soll er sich wohl nicht verbrennen. Du läßt ihn die Kühe hüten? Eben so gut. Es ist doch nicht halb wahr, was der Magister sagt. Aber wo hütet er? Im Telgengrund? im Roderholze? im Teutoburger Wald? auch des Nachts und früh?« – »Die ganzen Nächte durch; aber wie meinst du das?«⌐

Simon schien dies zu überhören; er reckte den Hals zur Türe hinaus. »Ei, da kommt der Gesell! Vaterssohn! er schlenkert gerade so mit den Armen wie dein seliger Mann. Und schau mal an! wahrhaftig, der Junge hat meine blonden Haare!«

In der Mutter Züge kam ein heimliches, stolzes Lächeln; ihres Friedrichs blonde Locken und Simons rötliche Bürsten! Ohne zu antworten, brach sie einen Zweig von der nächsten Hecke und ging ihrem Sohne entgegen, scheinbar, eine träge Kuh anzutreiben, im Grunde aber, ihm einige rasche, halbdrohende Worte zuzuraunen; denn sie kannte seine störrische Natur, und Simons Weise war ihr heute einschüchternder vorgekommen als je. Doch ging Alles über Erwarten gut; Friedrich zeigte sich weder verstockt, noch frech, vielmehr etwas blöde* und sehr bemüht, dem Ohm zu gefallen. So kam es denn dahin, daß nach einer halbstündigen Unterredung Simon eine Art Adoption des Knaben in Vorschlag brachte, vermöge deren er denselben zwar nicht gänzlich seiner Mutter entziehen, aber doch über den größten Teil seiner Zeit verfügen wollte, wofür ihm dann am Ende des alten Junggesellen Erbe zufallen solle, das ihm freilich ohnedies nicht entgehen konnte. Margreth ließ sich geduldig auseinandersetzen, wie groß der Vorteil, wie gering die Entbehrung ihrerseits bei dem Handel sei. Sie wußte am besten, was eine kränkliche Witwe an der Hülfe eines zwölfjährigen Knaben entbehrt, den sie bereits gewöhnt hat, die Stelle einer Tochter zu ersetzen. Doch sie schwieg und gab sich in Alles. Nur bat sie den Bruder, streng, doch nicht hart gegen den Knaben zu sein.

* schüchtern, furchtsam

»Er ist gut,« sagte sie, »aber ich bin eine einsame Frau; mein Kind ist nicht, wie einer, über den Vaterhand regiert hat.« Simon nickte schlau mit dem Kopf: »Laß mich nur gewähren, wir wollen uns schon vertragen, und weißt du was? gib mir den Jungen gleich mit, ich habe zwei Säcke aus der Mühle zu holen; der kleinste ist ihm grad' recht, und so lernt er mir zur Hand gehen. Komm, Fritzchen, zieh deine Holzschuh an!« – Und bald sah Margreth den Beiden nach, wie sie fortschritten, Simon voran, mit seinem Gesicht die Luft durchschneidend, während ihm die Schöße des roten Rocks wie Feuerflammen nachzogen. So hatte er ziemlich das ⌈Ansehen eines feurigen Mannes⌉, der unter dem gestohlenen Sacke büßt; Friedrich ihm nach, fein und schlank für sein Alter, mit zarten, fast edlen Zügen und langen blonden Locken, die besser gepflegt waren, als sein übriges Äußere erwarten ließ; übrigens zerlumpt, sonneverbrannt und mit dem Ausdruck der Vernachlässigung und einer gewissen rohen Melancholie* in den Zügen. Dennoch war eine große Familienähnlichkeit Beider nicht zu verkennen, und wie Friedrich so langsam seinem Führer nachtrat, die Blicke fest auf denselben geheftet, der ihn gerade durch das Seltsame seiner Erscheinung anzog, erinnerte er unwillkürlich an Jemand, der ⌈in einem Zauberspiegel das Bild seiner Zukunft⌉ mit verstörter Aufmerksamkeit betrachtet.

Jetzt nahten die beiden sich der Stelle des Teutoburger Waldes, wo das Brederholz den Abhang des Gebirges niedersteigt und einen sehr dunkeln Grund ausfüllt. Bis jetzt war wenig gesprochen worden. Simon schien nachdenkend, der Knabe zerstreut, und Beide keuchten unter ihren Säcken. Plötzlich fragte Simon: »Trinkst du gern Branntwein?« – Der Knabe antwortete nicht. »Ich frage, trinkst du gern Branntwein? gibt dir die Mutter zuweilen welchen?« – »Die Mutter hat selbst keinen,« sagte Friedrich. – »So, so, desto besser! – kennst du das Holz da vor uns?« –

Schwermut

»Das ist das Brederholz.« – »Weißt du auch, was darin vorgefallen ist?« – Friedrich schwieg. Indessen kamen sie der düstern Schlucht immer näher. »Betet die Mutter noch so viel?« hob Simon wieder an. – »Ja, jeden Abend zwei
5 Rosenkränze.« – »So? und du betest mit?« – Der Knabe lachte halb verlegen mit einem durchtriebenen Seitenblick. – »Die Mutter betet in der Dämmerung vor dem Essen den einen Rosenkranz, dann bin ich meist noch nicht wieder da mit den Kühen, und den andern im Bette, dann schlaf ich
10 gewöhnlich ein.« – »So, so, Geselle!«
Diese letzten Worte wurden unter dem Schirme einer weiten Buche* gesprochen, die den Eingang der Schlucht überwölbte. Es war jetzt ganz finster; das erste Mondviertel stand am Himmel, aber seine schwachen Schimmer dien-
15 ten nur dazu, den Gegenständen, die sie zuweilen durch eine Lücke der Zweige berührten, ein fremdartiges Ansehen zu geben. Friedrich hielt sich dicht hinter seinem Ohm; sein Odem* ging schnell, und wer seine Züge hätte unterscheiden können, würde den Ausdruck einer ungeheuren,
20 doch mehr phantastischen* als furchtsamen Spannung darin wahrgenommen haben. So schritten Beide rüstig voran, Simon mit dem festen Schritt des abgehärteten Wanderers, Friedrich schwankend und wie im Traum. Es kam ihm vor, als ob Alles sich bewegte und die Bäume in den einzelnen
25 Mondstrahlen bald zusammen, bald von einander schwankten. Baumwurzeln und schlüpfrige Stellen, wo sich das Wegwasser* gesammelt, machten seinen Schritt unsicher; er war einigemale nahe daran, zu fallen. Jetzt schien sich in einiger Entfernung das Dunkel zu brechen,
30 und bald traten Beide in eine ziemlich große Lichtung. Der Mond schien klar hinein und zeigte, daß hier noch vor Kurzem die Axt unbarmherzig gewütet hatte. Überall ragten Baumstümpfe hervor, manche mehrere Fuß über der Erde, wie sie gerade in der Eile am bequemsten zu durch-
35 schneiden gewesen waren; die verpönte* Arbeit mußte un-

Möglicherweise die erste Nennung der späteren ›Judenbuche‹ (vgl. S. 32,5–8).

Atem

von der Phantasie erregten

nicht abgeflossenes Wasser auf dem Weg, Pfütze

verbotene

versehens unterbrochen worden sein, denn eine Buche lag
quer über dem Pfad, in vollem Laube, ihre Zweige hoch
über sich streckend und im Nachtwinde mit den noch frischen Blättern zitternd. Simon blieb einen Augenblick stehen und betrachtete den gefällten Stamm mit Auf-   5
merksamkeit. In der Mitte der Lichtung stand eine alte Eiche, mehr breit als hoch; ein blasser Strahl, der durch die
Zweige auf ihren Stamm fiel, zeigte, daß er hohl sei, was
ihn wahrscheinlich vor der allgemeinen Zerstörung ge-
schützt hatte. Hier ergriff Simon plötzlich des Knaben   10
Arm.

»Friedrich, kennst du den Baum? Das ist die breite Eiche.«
– Friedrich fuhr zusammen und klammerte sich mit kalten
Händen an seinen Ohm. – »Sieh,« fuhr Simon fort, »hier
haben Ohm Franz und der Hülsmeyer deinen Vater gefun-   15
den, als er in der Betrunkenheit ohne Buße und Ölung zum
Teufel gefahren war.« – »Ohm, Ohm!« keuchte Friedrich. –
»Was fällt dir ein? Du wirst dich doch nicht fürchten? Satan
von einem Jungen, du kneipst mir den Arm! laß los, los!« –
Er suchte den Knaben abzuschütteln. – »Dein Vater war   20
übrigens eine gute Seele; Gott wird's nicht so genau mit
ihm nehmen. Ich hatt' ihn so lieb wie meinen eigenen Bruder.« – Friedrich ließ den Arm seines Ohms los; Beide leg-
ten schweigend den übrigen Teil des Waldes zurück und
das Dorf Brede lag vor ihnen, mit seinen Lehmhütten und   25
den einzelnen bessern Wohnungen von Ziegelsteinen, zu
denen auch Simons Haus gehörte.

Am nächsten Abend saß Margreth schon seit einer Stunde
mit ihrem Rocken* vor der Tür und wartete auf ihren Knaben. Es war die erste Nacht, die sie zugebracht hatte, ohne   30
den Atem ihres Kindes neben sich zu hören, und Friedrich
kam noch immer nicht. Sie war ärgerlich und ängstlich und
wußte, daß sie beides ohne Grund war. Die Uhr im Turm
schlug sieben, das Vieh kehrte heim; er war noch immer
nicht da und sie mußte aufstehen, um nach den Kühen zu   35

Spinnstab, um
den das
Material zum
Verspinnen
geschlungen
wird

Die Judenbuche

schauen. Als sie wieder in die dunkle Küche trat, stand Friedrich am Herde; er hatte sich vorn übergebeugt und wärmte die Hände an den Kohlen. Der Schein spielte auf seinen Zügen und gab ihnen ein widriges Ansehen von Magerkeit und ängstlichem Zucken. Margreth blieb in der Tennentür stehen, so seltsam verändert kam ihr das Kind vor.

»Friedrich, wie geht's dem Ohm?« – Der Knabe murmelte einige unverständliche Worte und drängte sich dicht an die Feuermauer*. – »Friedrich, hast du das Reden verlernt? Junge, tu' das Maul auf! du weißt ja doch, daß ich auf dem rechten Ohr nicht gut höre.« – Das Kind erhob seine Stimme und geriet dermaßen in's Stammeln, daß Margreth es um nichts mehr begriff. – »Was sagst du? einen Gruß von Meister Semmler? wieder fort? wohin? die Kühe sind schon zu Hause. Verfluchter Junge, ich kann dich nicht verstehen. Wart', ich muß einmal sehen, ob du keine Zunge im Munde hast!« – Sie trat heftig einige Schritte vor. Das Kind sah zu ihr auf, mit dem Jammerblick eines armen, halbwüchsigen Hundes, der Schildwacht stehen lernt, und begann in der Angst mit den Füßen zu stampfen und den Rücken an der Feuermauer zu reiben.

Margreth stand still; ihre Blicke wurden ängstlich. Der Knabe erschien ihr wie zusammengeschrumpft, auch seine Kleider waren nicht dieselben, nein, das war ihr Kind nicht! und dennoch – »Friedrich, Friedrich!« rief sie.

In der Schlafkammer klappte eine Schranktür und der Gerufene trat hervor, in der einen Hand eine sogenannte Holzschenvioline, d. h. einen alten Holzschuh, mit drei bis vier zerschabten Geigensaiten überspannt, in der andern einen Bogen, ganz des Instruments würdig. So ging er gerade auf sein ⌐verkümmertes Spiegelbild⌐ zu, seinerseits mit einer Haltung bewußter Würde und Selbständigkeit, die in diesem Augenblicke den Unterschied zwischen beiden sonst merkwürdig ähnlichen Knaben stark hervortreten ließ.

Brandmauer; in Fachwerkhäusern sind der Kamin und die Einfassung der Feuerstelle aus Stein.

»Da, Johannes!« sagte er und reichte ihm mit einer Gönnermiene das Kunstwerk; »da ist die Violine, die ich dir versprochen habe. Mein Spielen ist vorbei, ich muß jetzt Geld verdienen.« – Johannes warf noch einmal einen scheuen Blick auf Margreth, streckte dann langsam seine Hand aus, bis er das Dargebotene fest ergriffen hatte, und brachte es wie verstohlen unter die Flügel seines armseligen Jäckchens.

Margreth stand ganz still und ließ die Kinder gewähren. Ihre Gedanken hatten eine andere, sehr ernste Richtung genommen, und sie blickte mit unruhigem Auge von Einem auf den Andern. Der fremde Knabe hatte sich wieder über die Kohlen gebeugt mit einem Ausdruck augenblicklichen Wohlbehagens, der an Albernheit grenzte, während in Friedrichs Zügen der Wechsel eines offenbar mehr selbstischen als gutmütigen Mitgefühls spielte und sein Auge in fast glasartiger Klarheit zum erstenmale bestimmt den Ausdruck jenes ungebändigten Ehrgeizes und Hanges zum Großtun zeigte, der nachher als so starkes Motiv seiner meisten Handlungen hervortrat. Der Ruf seiner Mutter störte ihn aus Gedanken, die ihm eben so neu als angenehm waren. Sie saß wieder am Spinnrade.

»Friedrich,« sagte sie zögernd, »sag einmal –« und schwieg dann. Friedrich sah auf und wandte sich, da er nichts weiter vernahm, wieder zu seinem Schützling. »Nein, höre –« und dann leiser: »was ist das für ein Junge? wie heißt er?« – Friedrich antwortete eben so leise: »Das ist des Ohms Simon Schweinehirt, der eine Botschaft an den Hülsmeyer hat. Der Ohm hat mir ein paar Schuhe und eine Weste von Drillich* gegeben; die hat mir der Junge unterwegs getragen; dafür hab' ich ihm meine Violine versprochen; er ist ja doch ein armes Kind; Johannes heißt er.« – »Nun –?« sagte Margreth. – »Was willst du, Mutter?« – »Wie heißt er weiter?« – »Ja – weiter nicht – oder, warte – doch: Niemand, Johannes Niemand heißt er. – Er hat keinen Vater,« fügte er leiser hinzu.

fester Stoff

Margreth stand auf und ging in die Kammer. Nach einer Weile kam sie heraus, mit einem harten, finstern Ausdruck in den Mienen. – »So, Friedrich,« sagte sie, »laß den Jungen gehen, daß er seine Bestellung machen kann. – Junge, was liegst du da in der Asche? hast du zu Hause nichts zu tun?« – Der Knabe raffte sich mit der Miene eines Verfolgten so eilfertig auf, daß ihm alle Glieder im Wege standen und die Holschenvioline bei einem Haar in's Feuer gefallen wäre.

»Warte, Johannes,« sagte Friedrich stolz, »ich will dir mein halbes Butterbrod geben, es ist mir doch zu groß, die Mutter schneidet allemal über's ganze Brod.« – »Laß doch,« sagte Margreth, »er geht ja nach Hause.« – »Ja, aber er bekommt nichts mehr; Ohm Simon ißt um sieben Uhr.« Margreth wandte sich zu dem Knaben: »Hebt man dir nichts auf? Sprich, wer sorgt für dich?« – »Niemand,« stotterte das Kind. – »Niemand?« wiederholte sie; »da nimm, nimm!« fügte sie heftig hinzu; »du heißt Niemand und Niemand sorgt für dich! Das sei Gott geklagt! Und nun mach dich fort! Friedrich, geh nicht mit ihm, hörst du, geht nicht zusammen durch's Dorf.« – »Ich will ja nur Holz holen aus dem Schuppen,« antwortete Friedrich. – Als beide Knaben fort waren, warf sich Margreth auf einen Stuhl und schlug die Hände mit dem Ausdruck des tiefsten Jammers zusammen. Ihr Gesicht war bleich wie ein Tuch. ⌜»Ein falscher Eid, ein falscher Eid!« stöhnte sie. »Simon, Simon, wie willst du vor Gott bestehen!«⌝
So saß sie eine Weile, starr' mit geklemmten Lippen, wie in völliger Geistesabwesenheit. Friedrich stand vor ihr und hatte sie schon zweimal angeredet. »Was ist's? was willst du?« rief sie auffahrend. – »Ich bringe Euch Geld,« sagte er, mehr erstaunt als erschreckt. – »Geld? wo?« Sie regte sich und die kleine Münze fiel klingend auf den Boden. Friedrich hob sie auf. »Geld vom Ohm Simon, weil ich ihm habe arbeiten helfen. Ich kann mir nun selber was verdie-

nen.« – »Geld vom Simon? wirf's fort, fort! – nein, gib's
den Armen. Doch, nein, behalt's,« flüsterte sie kaum hör-
bar; »wir sind selber arm. Wer weiß, ob wir bei dem Betteln
vorbeikommen!« – »Ich soll Montag wieder zum Ohm und
ihm bei der Einsaat helfen.« – »Du wieder zu ihm? nein,
nein, nimmermehr!« – Sie umfaßte ihr Kind mit Heftigkeit.
– »Doch,« fügte sie hinzu, und ein Tränenstrom stürzte ihr
plötzlich über die eingefallenen Wangen; »geh, er ist mein
einziger Bruder, und die Verleumdung ist groß! Aber halt
Gott vor Augen und vergiß das tägliche Gebet nicht!«
Margreth legte das Gesicht an die Mauer und weinte laut.
Sie hatte manche harte Last getragen, ihres Mannes üble
Behandlung, noch schwerer seinen Tod, und es war eine
bittere Stunde, als die Witwe das letzte Stück Ackerland
einem Gläubiger zur Nutznießung überlassen mußte und
der Pflug vor ihrem Hause stille stand. Aber so war ihr nie
zu Mute gewesen; dennoch, nachdem sie einen Abend
durchgeweint, eine Nacht durchwacht hatte, war sie dahin
gekommen, zu denken, ihr Bruder Simon könne so gottlos
nicht sein, der Knabe gehöre gewiß nicht ihm, ⌐Ähnlichkei-
ten wollen nichts beweisen. Hatte sie doch selbst vor vierzig Jahren ein Schwesterchen verloren, das genau dem
fremden Hechelkrämer* glich. Was glaubt man nicht gern,
wenn man so wenig hat und durch Unglauben dies wenige
verlieren soll!⌐
Von dieser Zeit an war Friedrich selten mehr zu Hause.
Simon schien alle wärmern Gefühle, deren er fähig war,
dem Schwestersohn zugewendet zu haben; wenigstens ver-
mißte er ihn sehr und ließ nicht nach mit Botschaften, wenn
ein häusliches Geschäft ihn auf einige Zeit bei der Mutter
hielt. Der Knabe war seitdem wie verwandelt, das träume-
rische Wesen gänzlich von ihm gewichen, er trat fest auf,
fing an, sein Äußeres zu beachten und bald in den Ruf eines
hübschen, gewandten Burschen zu kommen. Sein Ohm,
der nicht wohl ohne Projekte leben konnte, unternahm

*Hausierer mit
kammartigen
Instrumenten
zur Aufarbei-
tung von
Flachs und
Hanf

mitunter ziemlich bedeutende öffentliche Arbeiten, z. B. beim Wegbau, wobei Friedrich für einen seiner besten Arbeiter und überall als seine rechte Hand galt; denn obgleich dessen Körperkräfte noch nicht ihr volles Maß erreicht hatten, kam ihm doch nicht leicht Jemand an Ausdauer gleich. Margreth hatte bisher ihren Sohn nur geliebt, jetzt fing sie an, stolz auf ihn zu werden und sogar eine Art Hochachtung vor ihm zu fühlen, da sie den jungen Menschen so ganz ohne ihr Zutun sich entwickeln sah, sogar ohne ihren Rat, den sie, wie die meisten Menschen, für unschätzbar hielt und deshalb die Fähigkeiten nicht hoch genug anzuschlagen wußte, die eines so kostbaren Förderungsmittels entbehren konnten.

In seinem achtzehnten Jahre hatte Friedrich sich bereits einen bedeutenden Ruf in der jungen Dorfwelt gesichert, durch den Ausgang einer Wette, in Folge deren er einen erlegten Eber über zwei Meilen weit auf seinem Rücken trug, ohne abzusetzen. Indessen war der Mitgenuß des Ruhms auch so ziemlich der einzige Vorteil, den Margreth aus diesen günstigen Umständen zog, da Friedrich immer mehr auf sein Äußeres verwandte und allmählich anfing, es schwer zu verdauen, wenn Geldmangel ihn zwang, irgend Jemand im Dorf darin nachzustehen. Zudem waren alle seine Kräfte auf den auswärtigen Erwerb gerichtet; zu Hause schien ihm, ganz im Widerspiel* mit seinem sonstigen Rufe, jede anhaltende Beschäftigung lästig, und er unterzog sich lieber einer harten, aber kurzen Anstrengung, die ihm bald erlaubte, seinem frühern ⌈Hirtenamte wieder nachzugehen, was bereits begann, seinem Alter unpassend zu werden, und ihm gelegentlichen Spott zuzog, vor dem er sich aber durch ein paar derbe Zurechtweisungen mit der Faust Ruhe verschaffte. So gewöhnte man sich daran, ihn bald geputzt und fröhlich als anerkannten Dorfelegant an der Spitze des jungen Volks zu sehen, bald wieder als zerlumpten Hirtenbuben einsam und träumerisch hinter den

Gegensatz

Kühen herschleichend, oder in einer Waldlichtung liegend, scheinbar gedankenlos und das Moos von den Bäumen rupfend.⌐

Um diese Zeit wurden die schlummernden Gesetze doch einigermaßen aufgerüttelt durch eine Bande von Holzfrev- lern, die unter dem Namen der ⌐Blaukittel⌐ alle ihre Vor- gänger so weit an List und Frechheit übertraf, daß es dem Langmütigsten zu viel werden mußte. Ganz gegen den ge- wöhnlichen Stand der Dinge, wo man die stärksten Böcke der Herde mit dem Finger bezeichnen konnte, war es hier trotz aller Wachsamkeit bisher nicht möglich gewesen, auch nur ein Individuum namhaft zu machen. Ihre Benen- nung erhielten sie von der ganz gleichförmigen Tracht, durch die sie das Erkennen erschwerten, wenn etwa ein Förster noch einzelne Nachzügler im Dickicht verschwin- den sah. Sie verheerten Alles wie die Wanderraupe*, ganze Waldstrecken wurden in einer Nacht gefällt und auf der Stelle fortgeschafft, so daß man am andern Morgen nichts fand, als Späne und wüste Haufen von Topholz*, und der Umstand, daß nie Wagenspuren einem Dorfe zuführten, sondern immer vom Flusse her und dorthin zurück, be- wies, daß man unter dem Schutz und vielleicht mit dem Beistande der Schiffeigentümer handelte. In der Bande mußten sehr gewandte Spione sein, denn die Förster konn- ten Wochen lang umsonst wachen; in der ersten Nacht, gleichviel, ob stürmisch oder mondhell, wo sie vor Über- müdung nachließen, brach die Zerstörung ein. Seltsam war es, daß das Landvolk umher eben so unwissend und ge- spannt schien, als die Förster selber. Von einigen Dörfern ward mit Bestimmtheit gesagt, daß sie nicht zu den Blau- kitteln gehörten, aber keines konnte als dringend verdäch- tig bezeichnet werden, seit man das verdächtigste von al- len, das Dorf B., freisprechen mußte. Ein Zufall hatte dies bewirkt, eine Hochzeit, auf der fast alle Bewohner dieses Dorfes notorisch* die Nacht zugebracht hatten, während

Wald- schädling

wertloses Holz der Baum- wipfel

offenkundig, allbekannt

zu eben dieser Zeit die Blaukittel eine ihrer stärksten Expeditionen ausführten.

Der Schaden in den Forsten war indes allzu groß, deshalb wurden die Maßregeln dagegen auf eine bisher unerhörte Weise gesteigert; Tag und Nacht wurde patrolliert, Ackerknechte, Hausbediente mit Gewehren versehen und den Forstbeamten zugesellt. Dennoch war der Erfolg nur gering und die Wächter hatten oft kaum das eine Ende des Forstes verlassen, wenn die Blaukittel schon zum andern einzogen. Das währte länger als ein volles Jahr, Wächter und Blaukittel, Blaukittel und Wächter, wie Sonne und Mond, immer abwechselnd im Besitz des Terrains* und nie zusammentreffend.

Es war im Juli 1756 früh um drei; der Mond stand klar am Himmel, aber sein Glanz fing an zu ermatten und im Osten zeigte sich bereits ein schmaler gelber Streif, der den Horizont besäumte und den Eingang einer engen Talschlucht wie mit einem Goldbande schloß. Friedrich lag im Grase, nach seiner gewohnten Weise, und schnitzelte an einem Weidenstabe, dessen knotigem Ende er die Gestalt eines ungeschlachten Tieres zu geben versuchte. Er sah übermüdet aus, gähnte, ließ mitunter seinen Kopf an einem verwitterten Stammknorren ruhen und Blicke, dämmeriger als der Horizont, über den mit Gestrüpp und Aufschlag* fast verwachsenen Eingang des Grundes streifen. Ein paarmal belebten sich seine Augen und nahmen den ihnen eigentümlichen glasartigen Glanz an, aber gleich nachher schloß er sie wieder halb und gähnte und dehnte sich, wie es nur faulen Hirten erlaubt ist. Sein Hund lag in einiger Entfernung nah bei den Kühen, die unbekümmert um die Forstgesetze eben so oft den jungen Baumspitzen als dem Grase zusprachen und in die frische Morgenluft schnaubten. Aus dem Walde drang von Zeit zu Zeit ein dumpfer, krachender Schall; der Ton hielt nur einige Sekunden an, begleitet von einem langen Echo an den Bergwänden und

Geländes, Gebietes

junger Holzaufwuchs aus herabgefallenen Samen

wiederholte sich etwa alle fünf bis acht Minuten. Friedrich achtete nicht darauf; nur zuweilen, wenn das Getöse ungewöhnlich stark oder anhaltend war, hob er den Kopf und ließ seine Blicke langsam über die verschiedenen Pfade gleiten, die ihren Ausgang in dem Talgrunde fanden.

Es fing bereits stark zu dämmern an; die Vögel begannen leise zu zwitschern und der Tau stieg fühlbar aus dem Grunde. Friedrich war an dem Stamm hinabgeglitten und starrte, die Arme über den Kopf verschlungen in das leise einschleichende Morgenrot. Plötzlich fuhr er auf: über sein Gesicht fuhr ein Blitz, er horchte einige Sekunden mit vorgebeugtem Oberleib wie ein Jagdhund, dem die Luft Witterung zuträgt. Dann schob er schnell zwei Finger in den Mund und pfiff gellend und anhaltend. – »Fidel, du verfluchtes Tier!« – Ein Steinwurf traf die Seite des unbesorgten Hundes, der, vom Schlafe aufgeschreckt, zuerst um sich biß und dann heulend auf drei Beinen dort Trost suchte, von wo das Übel ausgegangen war. In demselben Augenblicke wurden die Zweige eines nahen Gebüsches fast ohne Geräusch zurückgeschoben und ein Mann trat heraus, im grünen Jagdrock, den silbernen Wappenschild am Arm, die gespannte Büchse in der Hand. Er ließ schnell seine Blicke über die Schlucht fahren und sie dann mit besonderer Schärfe auf dem Knaben verweilen, trat dann vor, winkte nach dem Gebüsch, und allmählich wurden sieben bis acht Männer sichtbar, alle in ähnlicher Kleidung, Weidmesser im Gürtel und die gespannten Gewehre in der Hand.

»Friedrich, was war das?« fragte der zuerst Erschienene. – »Ich wollte, daß der Racker* auf der Stelle krepierte*. Seinetwegen können die Kühe mir die Ohren vom Kopf fressen.« – »Die Canaille* hat uns gesehen,« sagte ein Anderer. – »Morgen sollst du auf die Reise mit einem Stein am Halse,« fuhr Friedrich fort und stieß nach dem Hunde. – »Friedrich, stell dich nicht an wie ein Narr! Du kennst mich und du verstehst mich auch!« – Ein Blick begleitete diese

Schlingel

stürbe,
umkäme

Schurke,
Schuft

Worte, der schnell wirkte. – ⌐»Herr Brandis, denkt an meine Mutter!«⌐ – »Das tu' ich. Hast du nichts im Walde gehört?« – »Im Walde?« – Der Knabe warf einen raschen
Blick auf des Försters Gesicht. – »Eure Holzfäller, sonst
nichts.« – »Meine Holzfäller!«
Die ohnehin dunkle Gesichtsfarbe des Försters ging in tie-
fes Braunrot über. »Wie viele sind ihrer, und wo treiben sie
ihr Wesen?« – »Wohin Ihr sie geschickt habt; ich weiß es
nicht.« – Brandis wandte sich zu seinen Gefährten: »Geht
voran; ich komme gleich nach.«
Als einer nach dem andern im Dickicht verschwunden war,
trat Brandis dicht vor den Knaben: »Friedrich,« sagte er
mit dem Ton unterdrückter Wut, »meine Geduld ist zu Ende; ich möchte dich prügeln wie einen Hund, und mehr seid
ihr auch nicht wert. Ihr Lumpenpack, dem kein Ziegel auf
dem Dach gehört! Bis zum Betteln habt ihr es, Gottlob,
bald gebracht, und an meiner Tür soll deine Mutter, die
alte Hexe, keine verschimmelte Brodrinde bekommen.
Aber vorher sollt ihr mir noch Beide in's Hundeloch!«
Friedrich griff krampfhaft nach einem Aste. Er war totenbleich und seine Augen schienen wie ⌐Kristallkugeln⌐ aus
dem Kopfe schießen zu wollen. Doch nur einen Augenblick. Dann kehrte die größte, an Erschlaffung grenzende
Ruhe zurück. – »Herr,« sagte er fest, mit fast sanfter Stimme; »Ihr habt gesagt, was Ihr nicht verantworten könnt,
und ⌐ich vielleicht auch⌐. Wir wollen es gegen einander auf-
gehen lassen, und nun will ich Euch sagen, was Ihr ver-
langt. Wenn Ihr die Holzfäller nicht selbst bestellt habt, so
müssen es die Blaukittel sein; denn aus dem Dorfe ist kein
Wagen gekommen; ich habe den Weg ja vor mir, und vier
Wagen sind es. Ich habe sie nicht gesehen, aber den Hohl-
weg hinauffahren hören.« – Er stockte einen Augenblick. –
»Könnt Ihr sagen, daß ich je einen Baum in Eurem Revier
gefällt habe? überhaupt, daß ich je anderwärts gehauen
habe, als auf Bestellung? Denkt nach, ob Ihr das sagen
könnt?«

Ein verlegenes Murmeln war die ganze Antwort des Försters, der nach Art der meisten rauhen Menschen leicht bereute. Er wandte sich unwirsch und schritt dem Gebüsche zu. – »Nein, Herr,« rief Friedrich, »wenn Ihr zu den andern Förstern wollt, die sind dort an der Buche hinaufgegangen.« – »An der Buche?« sagte Brandis zweifelhaft, »nein, dort hinüber, nach dem Mastergrunde.« – »Ich sage Euch, an der Buche; des langen Heinrich Flintenriemen blieb noch am krummen Ast dort hängen; ich hab's ja gesehen!«

Der Förster schlug den bezeichneten Weg ein. Friedrich hatte die ganze Zeit hindurch seine Stellung nicht verlassen, halb liegend, den Arm um einen dürren Ast geschlungen, sah er dem Fortgehenden unverrückt nach, wie er durch den halbverwachsenen Steig glitt, mit den vorsichtigen weiten Schritten seines Metiers*, so geräuschlos wie ein Fuchs die Hühnerstiege erklimmt. Hier sank ein Zweig hinter ihm, dort einer; die Umrisse seiner Gestalt schwanden immer mehr. Da blitzte es noch einmal durch's Laub. Es war ein Stahlknopf seines Jagdrocks; nun war er fort. Friedrichs Gesicht hatte während dieses allmähligen Verschwindens den Ausdruck seiner Kälte verloren und seine Züge schienen zuletzt unruhig bewegt. ⌐Gereute es ihn vielleicht, den Förster nicht um Verschweigung seiner Angaben gebeten zu haben?⌐ Er ging einige Schritte voran, blieb dann stehen. »Es ist zu spät,« sagte er vor sich hin und griff nach seinem Hute. Ein leises Picken im Gebüsche, nicht zwanzig Schritte von ihm. Es war der Förster, der den Flintenstein schärfte. Friedrich horchte. – »Nein!« sagte er dann mit entschlossenem Tone, raffte seine Siebensachen zusammen und trieb das Vieh eilfertig die Schlucht entlang.

Um Mittag saß Frau Margreth am Herd und kochte Tee. – Friedrich war krank heimgekommen, er klagte über heftige Kopfschmerzen und hatte auf ihre besorgte Nachfrage er

Die Judenbuche

zählt, wie er sich schwer geärgert über den Förster; kurz den ganzen eben beschriebenen Vorgang, mit Ausnahme einiger Kleinigkeiten, die er besser fand, für sich zu behalten. Margreth sah schweigend und trübe in das siedende

5 Wasser. Sie war es wohl gewohnt, ihren Sohn mitunter klagen zu hören, aber heute kam er ihr so angegriffen vor, wie sonst nie. Sollte wohl eine Krankheit im Anzuge sein? sie seufzte tief und ließ einen eben ergriffenen Holzblock fallen.

10 »Mutter!« rief Friedrich aus der Kammer. – »Was willst du?« – »War das ein Schuß?« – »Ach nein, ich weiß nicht, was du meinst.« – »Es pocht mir wohl nur so im Kopfe,« versetzte er.

Die Nachbarin trat herein und erzählte mit leisem Flüstern
15 irgend eine unbedeutende Klatscherei, die Margreth ohne Teilnahme anhörte. Dann ging sie. – »Mutter!« rief Friedrich. Margreth ging zu ihm hinein. »Was erzählte die Hülsmeyer?« – »Ach gar nichts, Lügen, Wind!« – Friedrich richtete sich auf. – »Von der Gretchen Siemers; du weißt ja
20 wohl die alte Geschichte; und ist doch nichts Wahres dran.« – Friedrich legte sich wieder hin. »Ich will sehen, ob ich schlafen kann,« sagte er.

Margreth saß am Herde; sie spann und dachte wenig Erfreuliches. Im Dorfe schlug es halb zwölf; die Türe klinkte
25 und der Gerichtsschreiber Kapp trat herein. – »Guten Tag, Frau Mergel,« sagte er; »könnt Ihr mir einen Trunk Milch geben? ich komme von M.« – Als Frau Mergel das Verlangte brachte, fragte er: »Wo ist Friedrich?« Sie war gerade beschäftigt, einen Teller hervorzulangen und überhörte die
30 Frage. Er trank zögernd und in kurzen Absätzen. »Wißt Ihr wohl,« sagte er dann, »daß die Blaukittel in dieser Nacht wieder im Masterholze eine ganze Strecke so kahl gefegt haben, wie meine Hand?« – »Ei, du frommer Gott!« versetzte sie gleichgültig. »Die Schandbuben,« fuhr der
35 Schreiber fort, »ruinieren Alles; wenn sie noch Rücksicht

nähmen auf das junge Holz, aber Eichenstämmchen wie
mein Arm dick, wo nicht einmal eine Ruderstange drin
steckt! Es ist, als ob ihnen andrer Leute Schaden eben so
lieb wäre wie ihr Profit!« – »Es ist Schade!« sagte Margreth.

Der Amtsschreiber hatte getrunken und ging noch immer
nicht. Er schien etwas auf dem Herzen zu haben. »Habt Ihr
nichts von Brandis gehört?« fragte er plötzlich. – »Nichts;
er kommt niemals hier in's Haus.« – »So wißt Ihr nicht,
was ihm begegnet ist?« – »Was denn?« fragte Margreth
gespannt. – »Er ist tot!« – »Tot!« rief sie, »was, tot? Um
Gotteswillen! er ging ja noch ⌜heute morgen⌝ ganz gesund
hier vorüber mit der Flinte auf dem Rücken!« – »Er ist tot,«
wiederholte der Schreiber, sie scharf fixierend; »von den
Blaukitteln erschlagen. Vor einer Viertelstunde wurde die
Leiche in's Dorf gebracht.«

Margreth schlug die Hände zusammen. – ⌜»Gott im Himmel, geh' nicht mit ihm in's Gericht! er wußte nicht, was er
tat!«⌝ – »Mit ihm!« rief der Amtsschreiber, »mit dem ver-
fluchten Mörder, meint Ihr?« Aus der Kammer drang ein
schweres Stöhnen. Margreth eilte hin und der Schreiber
folgte ihr. Friedrich saß aufrecht im Bette, das Gesicht in
die Hände gedrückt und ächzte wie ein Sterbender. –
»Friedrich, wie ist dir?« sagte die Mutter. – »Wie ist dir?«
wiederholte der Amtsschreiber. – »O mein Leib, mein
Kopf!« jammerte er. – »Was fehlt ihm?« – »Ach, Gott weiß
es,« versetzte sie; »er ist schon um vier mit den Kühen
heimgekommen, weil ihm so übel war. – Friedrich – Friedrich, antworte doch, soll ich zum Doktor?« – »Nein, nein,«
ächzte er, »es ist nur Kolik*, es wird schon besser.«
Er legte sich zurück; sein Gesicht zuckte krampfhaft vor
Schmerz; dann kehrte die Farbe wieder. – »Geht,« sagte er
matt; »ich muß schlafen, dann geht's vorüber.« – »Frau
Mergel,« sagte der Amtsschreiber ernst, »ist es gewiß, daß
Friedrich um vier zu Hause kam und nicht wieder fort-

krampfartiger
Schmerz

34   Die Judenbuche

ging?« – Sie sah ihn starr an. – »Fragt jedes Kind auf der
Straße. Und Fortgehen? – wollte Gott, er könnt' es!« –
»Hat er Euch nichts von Brandis erzählt?« – »In Gottes
Namen, ja, daß er ihn im Walde geschimpft und unsere
Armut vorgeworfen hat, der Lump! – Doch Gott verzeih
mir, er ist tot! – Geht!« fuhr sie heftig fort; »seid Ihr gekommen, um ehrliche Leute zu beschimpfen? Geht!« – Sie
wandte sich wieder zu ihrem Sohne; der Schreiber ging. –
»Friedrich, wie ist dir?« sagte die Mutter; »hast du wohl
gehört? schrecklich, schrecklich! ohne Beichte und Absolution!« – »Mutter, Mutter, um Gotteswillen laß mich
schlafen; ich kann nicht mehr!«

In diesem Augenblick trat Johannes Niemand in die Kammer; dünn und lang wie eine Hopfenstange, aber zerlumpt
und scheu wie wir ihn vor fünf Jahren gesehen. Sein Gesicht war noch bleicher als gewöhnlich. »Friedrich,« stotterte er, »du sollst sogleich zum Ohm kommen; er hat Arbeit für dich; aber sogleich.« – Friedrich drehte sich gegen
die Wand. – »Ich komme nicht,« sagte er barsch, »ich bin
krank.« – »Du mußt aber kommen,« keuchte Johannes;
»er hat gesagt, ich müßte dich mitbringen.« – Friedrich
lachte höhnisch auf: »das will ich doch sehen!« – »Laß ihn
in Ruhe, er kann nicht,« seufzte Margreth, »du siehst ja,
wie es steht.« – Sie ging auf einige Minuten hinaus; als sie
zurückkam, war Friedrich bereits angekleidet. – »Was fällt
dir ein?« rief sie, »du kannst, du sollst nicht gehen!« –
»Was sein muß, schickt sich wohl,« versetzte er und war
schon zur Türe hinaus mit Johannes. – »Ach Gott,« seufzte
die Mutter, ⌐»wenn die Kinder klein sind, treten sie uns in
den Schoß, und wenn sie groß sind, in's Herz!«⌐

Die gerichtliche Untersuchung hatte ihren Anfang genommen, die Tat lag klar am Tage; über den Täter aber waren
die Anzeigen* so schwach, daß, obschon alle Umstände die
Blaukittel dringend verdächtigten, man doch nicht mehr
als Mutmaßungen wagen konnte. *Eine* Spur schien Licht

Indizien,
Beweisstücke

geben zu wollen: doch rechnete man aus Gründen wenig darauf. Die Abwesenheit des Gutsherrn hatte den Gerichtsschreiber genötigt, auf eigene Hand die Sache einzuleiten. Er saß am Tische; die Stube war gedrängt voll von Bauern, teils neugierigen, teils solchen, von denen man in Ermangelung eigentlicher Zeugen einigen Aufschluß zu erhalten hoffte. Hirten, die in derselben Nacht gehütet, Knechte, die den Acker in der Nähe bestellt, Alle standen stramm und fest, die Hände in den Taschen, gleichsam als stillschweigende Erklärung, daß sie nicht einzuschreiten gesonnen seien? Acht Forstbeamte wurden vernommen. Ihre Aussagen waren völlig gleichlautend: Brandis habe sie am zehnten Abends zur Runde bestellt, da ihm von einem Vorhaben der Blaukittel müsse Kunde zugekommen sein; doch habe er sich nur unbestimmt darüber geäußert. Um zwei Uhr in der Nacht seien sie ausgezogen und auf manche Spuren der Zerstörung gestoßen, die den Oberförster sehr übel gestimmt; sonst sei Alles still gewesen. Gegen vier Uhr habe Brandis gesagt: »wir sind angeführt, laßt uns heim gehen.« – Als sie nun um den Bremerberg gewendet und zugleich der Wind umgeschlagen, habe man deutlich im Masterholz fällen gehört und aus der schnellen Folge der Schläge geschlossen, daß die Blaukittel am Werk seien. Man habe nun eine Weile beratschlagt, ob es tunlich sei, mit so geringer Macht die kühne Bande anzugreifen, und sich dann ohne bestimmten Entschluß dem Schalle langsam genähert. Nun folgte der Auftritt mit Friedrich. Ferner: nachdem Brandis sie ohne Weisung fortgeschickt, seien sie eine Weile vorangeschritten und dann, als sie bemerkt, daß das Getöse im noch ziemlich weit entfernten Walde gänzlich aufgehört, stille gestanden, um den Oberförster zu erwarten. Die Zögerung habe sie verdrossen, und nach etwa zehn Minuten seien sie weiter gegangen und so bis an den Ort der Verwüstung. Alles sei vorüber gewesen, kein Laut mehr im Walde, von zwanzig gefällten

Stämmen noch acht vorhanden, die übrigen bereits fort--
geschafft. Es sei ihnen unbegreiflich, wie man dieses in's
Werk gestellt, da keine Wagenspuren zu finden gewesen.
Auch habe die Dürre der Jahreszeit und der mit Fichten-
5 nadeln bestreute Boden keine Fußstapfen unterscheiden
lassen, obgleich der Grund ringsumher wie festgestampft
war. Da man nun überlegt, daß es zu nichts nützen könne,
den Oberförster zu erwarten, sei man rasch der andern
Seite des Waldes zugeschritten, in der Hoffnung, vielleicht
10 noch einen Blick von den Frevlern zu erhaschen. Hier habe
sich einem von ihnen beim Ausgange des Waldes die Fla-
schenschnur in Brombeerranken verstrickt, und als er um-
geschaut, habe er etwas im Gestrüpp blitzen sehen; es war
die Gurtschnalle des Oberförsters, den man nun hinter den
15 Ranken liegend fand, grad ausgestreckt, die rechte Hand
um den Flintenlauf geklemmt, die andere geballt und die
Stirn von einer Axt gespalten.
Dies waren die Aussagen der Förster; nun kamen die
Bauern an die Reihe, aus denen jedoch nichts zu bringen
20 war. Manche behaupteten, um vier Uhr noch zu Hause
oder anderswo beschäftigt gewesen zu sein, und keiner
wollte etwas bemerkt haben. Was war zu machen? sie wa-
ren sämtlich angesessene*, unverdächtige Leute. Man <invisible>vgl. 16,26</invisible>
mußte sich mit ihren negativen Zeugnissen begnügen.
25 Friedrich ward herein gerufen. Er trat ein mit einem Wesen, das sich durchaus nicht von seinem gewöhnlichen unterschied, weder gespannt noch keck. Das Verhör währte
ziemlich lange und die Fragen waren mitunter ziemlich
schlau gestellt; er beantwortete sie jedoch alle offen und
30 bestimmt und erzählte den Vorgang zwischen ihm und dem
Oberförster ziemlich der Wahrheit gemäß, bis auf das Ende, das er geratener fand, für sich zu behalten. Sein Alibi
zur Zeit des Mordes war leicht erwiesen. Der Förster lag
am Ausgange des Masterholzes; über Dreiviertel Stunden
35 Weges von der Schlucht, in der er Friedrich um vier Uhr

vgl. 16,26

angeredet und aus der dieser seine Herde schon zehn Minuten später in's Dorf getrieben. Jedermann hatte dies gesehen; alle anwesenden Bauern beeiferten sich, es zu bezeugen; mit diesem hatte er geredet, jenem zugenickt.

Der Gerichtsschreiber saß unmutig und verlegen da. Plötzlich fuhr er mit der Hand hinter sich und brachte etwas Blinkendes vor Friedrichs Auge. »Wem gehört dies?« – Friedrich sprang drei Schritt zurück. »Herr Jesus! ich dachte Ihr wolltet mir den Schädel einschlagen.« Seine Augen waren rasch über das tödliche Werkzeug gefahren und schienen momentan auf einem ausgebrochenen Splitter am Stiele zu haften. »Ich weiß es nicht,« sagte er fest. – Es war die Axt, die man in dem Schädel des Oberförsters eingeklammert gefunden hatte. – »Sieh sie genau an,« fuhr der Gerichtsschreiber fort. Friedrich faßte sie mit der Hand, besah sie oben, unten, wandte sie um. »Es ist eine Axt wie andere,« sagte er dann und legte sie gleichgültig auf den Tisch. Ein Blutfleck ward sichtbar; er schien zu schaudern, aber er wiederholte noch einmal sehr bestimmt: »Ich kenne sie nicht.« Der Gerichtsschreiber seufzte vor Unmut. Er selbst wußte um nichts mehr, und hatte nur einen Versuch zu möglicher Entdeckung durch Überraschung machen wollen. Es blieb nichts übrig, als das Verhör zu schließen.

Denjenigen, die vielleicht auf den Ausgang dieser Begebenheit gespannt sind, muß ich sagen, daß diese Geschichte nie aufgeklärt wurde, obwohl noch viel dafür geschah und diesem Verhöre mehrere folgten. Den Blaukitteln schien durch das Aufsehen, das der Vorgang gemacht und die darauf folgenden geschärften Maßregeln der Mut genommen; sie waren von nun an wie verschwunden, und obgleich späterhin noch mancher Holzfrevler erwischt wurde, fand man doch nie Anlaß, ihn der berüchtigten Bande zuzuschreiben. Die Axt lag zwanzig Jahre nachher als unnützes Corpus delicti* im Gerichtsarchiv, wo sie wohl noch jetzt ruhen mag mit ihren Rostflecken. Es würde in einer

Beweisstück

Die Judenbuche

erdichteten Geschichte Unrecht sein, die Neugier des Lesers so zu täuschen. Aber dies Alles hat sich wirklich zugetragen; ⌐ich kann nichts davon oder dazu tun⌐.

Am nächsten Sonntage stand Friedrich sehr früh auf, um zur Beichte zu gehen. Es war Mariä Himmelfahrt[*] und die Pfarrgeistlichen schon vor Tagesanbruch im Beichtstuhle. Nachdem er sich im Finstern angekleidet, verließ er so geräuschlos wie möglich den engen Verschlag, der ihm in Simons Hause eingeräumt war. In der Küche mußte sein Gebetbuch auf dem Sims liegen und er hoffte, es mit Hülfe des schwachen Mondlichts zu finden; es war nicht da. Er warf die Augen suchend umher und fuhr zusammen; in der Kammertür stand Simon, fast unbekleidet, seine dürre Gestalt, sein ungekämmtes, wirres Haar und die vom Mondschein verursachte Blässe des Gesichts gaben ihm ein schauerlich verändertes Ansehen. »Sollte er nachtwandeln?« dachte Friedrich, und verhielt sich ganz still. – »Friedrich, wohin?« flüsterte der Alte. – »Ohm, seid Ihr's? ich will beichten gehen.« – »Das dacht' ich mir; geh' in Gottes Namen, aber beichte wie ein guter Christ.« – »Das will ich,« sagte Friedrich. – ⌐»Denk an die zehn Gebote: du sollst kein Zeugnis ablegen gegen deinen Nächsten.« – »Kein falsches!« – »Nein, gar keines; du bist schlecht unterrichtet; wer einen andern in der Beichte anklagt, der empfängt das Sakrament unwürdig.«⌐

Beide schwiegen. – »Ohm, wie kommt Ihr darauf?« sagte Friedrich dann; »Eu'r Gewissen ist nicht rein; Ihr habt mich belogen.« – »Ich? so?« – »Wo ist Eure Axt?« – »Meine Axt? auf der Tenne[*].« – »Habt Ihr einen neuen Stiel hinein gemacht? wo ist der alte?« – »Den kannst du heute bei Tag im Holzschuppen finden. Geh',« fuhr er verächtlich fort, »ich dachte du seist ein Mann; aber du bist ein altes Weib, das gleich meint, das Haus brennt, wenn ihr Feuertopf[*] raucht. Sieh,« fuhr er fort, »wenn ich mehr von der Geschichte weiß, als der Türpfosten da, so will ich ewig

15. August, hoher kath. Feiertag

Teil der Scheune

topfartiger Ofen zum Wärmen der Füße

nicht selig werden. – Längst war ich zu Haus,« fügte er hinzu. – Friedrich stand beklemmt und zweifelnd. Er hätte viel darum gegeben, seines Ohms Gesicht sehen zu können. Aber während sie flüsterten, hatte der Himmel sich bewölkt.

»Ich habe schwere Schuld,« seufzte Friedrich, »daß ich ihn den unrechten Weg geschickt – obgleich – doch, dies hab' ich nicht gedacht, nein, gewiß nicht. Ohm, ich habe Euch ein schweres Gewissen zu danken.« – »So geh, beicht!« flüsterte Simon mit bebender Stimme; »verunehre das Sakrament durch Angeberei und ⌐setze armen Leuten einen Spion auf den Hals, der schon Wege finden wird, ihnen das Stückchen Brod aus den Zähnen zu reißen, wenn er gleich nicht reden darf⌐ – geh!« – Friedrich stand unschlüssig; er hörte ein leises Geräusch; die Wolken verzogen sich, das Mondlicht fiel wieder auf die Kammertür: sie war geschlossen. Friedrich ging an diesem Morgen nicht zur Beichte. –

Der Eindruck, den dieser Vorfall auf Friedrich gemacht, erlosch leider nur zu bald. Wer zweifelt daran, daß Simon Alles tat, seinen Adoptivsohn dieselben Wege zu leiten, die er selber ging? Und in Friedrich lagen Eigenschaften, die dies nur zu sehr erleichterten: Leichtsinn, Erregbarkeit, und vor Allem ein grenzenloser Hochmut, der nicht immer den Schein verschmähte, und dann Alles daran setzte, durch Wahrmachung des Usurpierten* möglicher Beschämung zu entgehen. Seine Natur war nicht unedel, aber er gewöhnte sich, die innere Schande der äußern vorzuziehen. Man darf nur sagen, er gewöhnte sich zu prunken, während seine Mutter darbte.

Diese unglückliche Wendung seines Charakters war indessen das Werk mehrerer Jahre, in denen man bemerkte, daß Margreth immer stiller über ihren Sohn ward und allmählich in einen Zustand der Verkommenheit versank, den man früher bei ihr für unmöglich gehalten hätte. Sie wurde

unrechtmäßig
in Anspruch
Genommenen

scheu, saumselig, sogar unordentlich, und Manche mein-
ten, ihr Kopf habe gelitten. Friedrich ward desto lauter; er
versäumte keine Kirchweih oder Hochzeit, und da ein sehr
empfindliches Ehrgefühl ihn die geheime Mißbilligung
5 Mancher nicht übersehen ließ, war er gleichsam immer unter Waffen, der öffentlichen Meinung nicht sowohl Trotz
zu bieten, als sie den Weg zu leiten, der ihm gefiel. Er war
äußerlich ordentlich, nüchtern, anscheinend treuherzig,
aber listig, prahlerisch und oft roh, ein Mensch, an dem
10 Niemand Freude haben konnte, am wenigsten seine Mutter, und der dennoch durch seine gefürchtete Kühnheit und
noch mehr gefürchtete Tücke ein gewisses Übergewicht im
Dorfe erlangt hatte, das um so mehr anerkannt wurde, je
mehr man sich bewußt war, ihn nicht zu kennen und nicht
15 berechnen zu können, wessen er am Ende fähig sei. Nur ein
Bursch im Dorfe, Wilm Hülsmeyer, wagte im Bewußtsein
seiner Kraft und guter Verhältnisse ihm die Spitze zu bieten; und da er gewandter in Worten war, als Friedrich, und
immer, wenn der Stachel saß, einen Scherz daraus zu ma-
20 chen wußte, so war dies der Einzige, mit dem Friedrich
ungern zusammentraf.

———

Vier Jahre waren verflossen; es war im Oktober; der milde
Herbst von 1760, der alle Scheunen mit Korn und alle Kel-
25 ler mit Wein füllte, hatte seinen Reichtum auch über diesen
Erdwinkel strömen lassen, und man sah mehr Betrunkene,
hörte von mehr Schlägereien und dummen Streichen, als je.
Überall gab's Lustbarkeiten; der ⌐blaue Montag¬ kam in
Aufnahme, und wer ein paar Taler erübrigt hatte, wollte
30 gleich eine Frau dazu, die ihm heute essen und morgen
hungern helfen könne. Da gab es im Dorfe eine tüchtige,
solide ⌐Hochzeit¬, und die Gäste durften mehr erwarten, als
eine verstimmte Geige, ein Glas Branntwein und was sie an

guter Laune selber mitbrachten. Seit früh war Alles auf den Beinen; vor jeder Tür wurden Kleider gelüftet, und B. glich den ganzen Tag einer Trödelbude. Da viele Auswärtige erwartet wurden, wollte Jeder gern die Ehre des Dorfes oben halten.

Es war sieben Uhr Abends und Alles in vollem Gange; Jubel und Gelächter an allen Enden, die niedern Stuben zum Ersticken angefüllt mit blauen, roten und gelben Gestalten, gleich Pfandställen*, in denen eine zu große Herde eingepfercht ist. Auf der Tenne ward getanzt, das heißt, wer zwei Fuß Raum erobert hatte, drehte sich darauf immer rund um und suchte durch Jauchzen zu ersetzen, was an Bewegung fehlte. Das Orchester war glänzend, die erste Geige als anerkannte Künstlerin prädominierend*, die zweite und eine große Baßviole* mit drei Saiten von Dilettanten* ad libitum* gestrichen; Branntwein und Kaffee im Überfluß, alle Gäste von Schweiß triefend; kurz, es war ein köstliches Fest. Friedrich stolzierte umher wie ein Hahn, im neuen himmelblauen Rock, und machte sein Recht als erster Elegant geltend. Als auch die Gutsherrschaft anlangte, saß er gerade hinter der Baßgeige und strich die tiefste Saite mit großer Kraft und vielem Anstand.

»Johannes!« rief er gebieterisch, und heran trat sein Schützling von dem Tanzplatze, wo er auch seine ungelenken Beine zu schlenkern und eins zu jauchzen versucht hatte. Friedrich reichte ihm den Bogen, gab durch eine stolze Kopfbewegung seinen Willen zu erkennen und trat zu den Tanzenden. »Nun lustig, Musikanten: den ⌐Papen van Istrup⌐!« – Der beliebte Tanz ward gespielt und Friedrich machte Sätze vor den Augen seiner Herrschaft, daß die Kühe an der Tenne die Hörner zurückzogen und Kettengeklirr und Gebrumm an ihren Ständern herlief. Fußhoch über die Andern tauchte sein blonder Kopf auf und nieder, wie ein ⌐Hecht⌐, der sich im Wasser überschlägt; an allen Enden schrien Mädchen auf, denen er zum Zeichen der

---

Marginal glosses (left column):

Ställe für gepfändetes Vieh

vorherrschend, hervorstechend

Bassgeige, ähnlich einem Kontrabass

Nicht-fachmännern, laienhaften Kunstliebhabern

musikal. Fachbegriff: nach Belieben; hier wohl i. S. von Improvisation

Huldigung mit einer raschen Kopfbewegung sein langes
Flachshaar in's Gesicht schleuderte.

»Jetzt ist es gut!« sagte er endlich und trat schweißtriefend
an den Kredenztisch; »die gnädigen Herrschaften sollen
5 leben und alle die hochadeligen Prinzen und Prinzessinnen,
und wer's nicht mittrinkt, den will ich an die Ohren schlagen, daß er die Engel singen hört!« – Ein lautes Vivat* be- Hochruf (›Er
lebe‹)
antwortete den galanten Toast*. – Friedrich machte seinen Trinkspruch
Bückling*. – »Nichts für ungut, gnädige Herrschaften; wir Verbeugung
10 sind nur ungelehrte Bauersleute!« In diesem Augenblick
erhob sich ein Getümmel am Ende der Tenne, Geschrei,
Schelten, Gelächter, alles durcheinander. »Butterdieb, Butterdieb!« riefen ein paar Kinder, und heran drängte sich,
oder vielmehr ward geschoben, Johannes Niemand, den
15 Kopf zwischen die Schultern ziehend und mit aller Macht
nach dem Ausgange strebend. – »Was ist's? was habt ihr
mit unserem Johannes?« rief Friedrich gebieterisch.

»Das sollt Ihr früh genug gewahr werden,« keuchte ein
altes Weib mit der Küchenschürze und einem Wischhader* Scheuerlappen
20 in der Hand. – Schande! Johannes, der arme Teufel, dem zu
Hause das Schlechteste gut genug sein mußte, hatte versucht, sich ein halbes Pfündchen Butter für die kommende
Dürre zu sichern, und ohne daran zu denken, daß er es,
sauber in sein Schnupftuch gewickelt, in der Tasche gebor-
25 gen, war er an's Küchenfeuer getreten und nun rann das
Fett schmählich die Rockschöße entlang. Allgemeiner Auf-
ruhr; die Mädchen sprangen zurück, aus Furcht, sich zu
beschmutzen, oder stießen den Delinquenten* vorwärts. Übeltäter
Andere machten Platz, sowohl aus Mitleid als Vorsicht.
30 Aber Friedrich trat vor: »Lumpenhund!« rief er; ein paar
derbe Maulschellen* trafen den geduldigen Schützling; Ohrfeigen
dann stieß er ihn an die Tür und gab ihm einen tüchtigen
Fußtritt mit auf den Weg.

Er kehrte niedergeschlagen zurück; seine Würde war ver-
35 letzt, das allgemeine Gelächter schnitt ihm durch die Seele,

ob er sich gleich durch einen tapfern Juchheschrei wieder in den Gang zu bringen suchte – es wollte nicht mehr recht gehen. Er war im Begriff, sich wieder hinter die Baßviole zu flüchten; doch zuvor noch ein Knalleffekt: er zog seine silberne Taschenuhr hervor, zu jener Zeit ein seltener und kostbarer Schmuck. »Es ist bald zehn,« sagte er. »Jetzt den ⌐Brautmenuet⌐! ich will Musik machen.«

»Eine prächtige Uhr!« sagte der Schweinehirt und schob sein Gesicht in ehrfurchtsvoller Neugier vor. – »Was hat sie gekostet?« rief Wilm Hülsmeyer, Friedrichs Nebenbuhler. – »Willst du sie bezahlen?« fragte Friedrich. – »Hast *du* sie bezahlt?« antwortete Wilm. Friedrich warf einen stolzen Blick auf ihn und griff in schweigender Majestät zum Fidelbogen. – »Nun, nun,« sagte Hülsmeyer, »dergleichen hat man schon erlebt. Du weißt wohl, der Franz Ebel hatte auch eine schöne Uhr, bis der Jude Aaron sie ihm wieder abnahm.« Friedrich antwortete nicht, sondern winkte stolz der ersten Violine, und sie begannen aus Leibeskräften zu streichen.

Die Gutsherrschaft war indessen in die Kammer getreten, wo der Braut von den Nachbarfrauen das Zeichen ihres neuen Standes, die ⌐weiße Stirnbinde⌐, umgelegt wurde. Das junge Blut weinte sehr, teils weil es die Sitte so wollte, teils aus wahrer Beklemmung. Sie sollte einem verworrenen Haushalt vorstehen, unter den Augen eines mürrischen alten Mannes, den sie noch obendrein lieben sollte. Er stand neben ihr, durchaus nicht wie der ⌐Bräutigam des hohen Liedes, der »in die Kammer tritt wie die Morgensonne⌐.« – »Du hast nun genug geweint,« sagte er verdrießlich; »bedenk, du bist es nicht, die mich glücklich macht, ich mache dich glücklich!« – Sie sah demütig zu ihm auf und schien zu fühlen, daß er Recht habe. – Das Geschäft war beendigt; die junge Frau hatte ihrem Manne zugetrunken, junge Spaßvögel hatten durch den ⌐Dreifuß⌐ geschaut, ob die Binde gerade sitze, und man drängte sich wieder der Tenne zu, von wo unauslöschliches Gelächter und Lärm herüberschallte. Friedrich war nicht mehr dort. Eine große, unerträgliche Schmach hatte ihn getroffen, da der Jude Aaron, ein Schlächter und gelegentlicher Althändler aus dem nächsten Städtchen, plötzlich erschienen war, und nach einem kurzen, unbefriedigenden Zwiegespräch ihn laut vor allen Leuten um den Betrag von zehn Talern für eine schon um Ostern gelieferte Uhr gemahnt hatte. Friedrich war wie vernichtet fortgegangen und der Jude ihm gefolgt, immer schreiend: »O weh mir! warum hab' ich nicht gehört auf vernünftige Leute! Haben sie mir nicht hundertmal gesagt, Ihr hättet all Eu'r Gut am Leibe und kein Brod im Schranke!« – Die Tenne tobte von Gelächter; manche hatten sich auf den Hof nachgedrängt. – »Packt den Juden! ⌈wiegt ihn gegen ein Schwein⌉!« riefen Einige; andere waren ernst geworden. – »Der Friedrich sah so blaß aus wie ein Tuch,« sagte eine alte Frau, und die Menge teilte sich, wie der Wagen des Gutsherrn in den Hof lenkte. Herr von S. war auf dem Heimwege verstimmt, die jedesmalige Folge, wenn der Wunsch, seine Popularität aufrecht zu erhalten, ihn bewog, solchen Festen beizuwohnen. Er sah schweigend aus dem Wagen. »Was sind denn das für ein paar Figuren?« – Er deutete auf zwei dunkle Gestalten, die vor dem Wagen rannten wie Strauße. Nun schlüpften sie in's Schloß. – »Auch ein paar selige Schweine aus unserm eigenen Stall!« seufzte Herr von S. Zu Hause angekommen, fand er die Hausflur vom ganzen Dienstpersonal eingenommen, das zwei Kleinknechte umstand, welche sich blaß und atemlos auf der Stiege niedergelassen hatten. Sie behaupteten, von des alten Mergels Geist verfolgt worden zu sein, als sie durch's Brederholz heimkehrten. Zuerst hatte es über ihnen an der Höhe gerauscht und geknistert; darauf hoch in der Luft ein Geklapper wie von aneinander geschlagenen Stöcken; plötzlich ein gellender Schrei und ganz deutlich die Worte: »O weh, meine arme Seele!« hoch von oben herab. Der Eine wollte auch glühende Augen durch die Zweige funkeln gesehen haben, und Beide waren gelaufen, was ihre Beine vermochten*.

vgl.
S. 17,12–23

»Dummes Zeug!« sagte der Gutsherr verdrießlich und trat in die Kammer, sich umzukleiden. Am andern Morgen wollte die Fontäne im Garten nicht springen, und es fand sich, daß Jemand eine Röhre verrückt hatte, augenscheinlich um nach dem Kopfe eines vor vielen Jahren hier verscharrten Pferdegerippes zu suchen, der für ein bewährtes ⌈Mittel wider allen Hexen- und Geisterspuk⌉ gilt. »Hm,« sagte der Gutsherr, »was die Schelme nicht stehlen, das verderben die Narren.«

Drei Tage später tobte ein furchtbarer Sturm. Es war Mitternacht, aber Alles im Schlosse außer dem Bett. Der Gutsherr stand am Fenster und sah besorgt in's Dunkle, nach seinen Feldern hinüber. An den Scheiben flogen Blätter und Zweige her; mitunter fuhr ein Ziegel hinab und schmetterte auf das Pflaster des Hofes. – »Furchtbares Wetter!« sagte Herr von S. Seine Frau sah ängstlich aus. »Ist das Feuer auch gewiß gut verwahrt?« sagte sie; »Gretchen, sieh noch einmal nach, gieß es lieber ganz aus! – Kommt, wir wollen das ⌈Evangelium Johannis beten.« Alles kniete nieder und die Hausfrau begann: »Im Anfang war das Wort und das Wort war bei Gott und Gott war das Wort.«⌉ Ein furchtbarer Donnerschlag. Alle fuhren zusammen; dann furchtbares Geschrei und Getümmel die Treppe heran. – »Um Gotteswillen! brennt es?« rief Frau von S. und sank mit dem Gesichte auf den Stuhl. Die Türe ward aufgerissen und herein stürzte die Frau des Juden Aaron, bleich wie der Tod, das Haar wild um den Kopf, von Regen triefend. Sie warf sich vor dem Gutsherrn auf die Knie. »Gerechtigkeit!« rief sie, »Gerechtigkeit! mein Mann ist erschlagen!« und sank ohnmächtig zusammen.

Es war nur zu wahr, und die nachfolgende Untersuchung bewies, daß der Jude Aaron durch einen Schlag an die

Schläfe mit einem stumpfen Instrumente, wahrscheinlich einem Stabe, sein Leben verloren hatte, durch einen einzigen Schlag. An der linken Schläfe war der blaue Fleck, sonst keine Verletzung zu finden. Die Aussagen der Jüdin und ihres Knechtes Samuel lauteten so: Aaron war vor drei Tagen am Nachmittage ausgegangen, um Vieh zu kaufen, und hatte dabei gesagt, er werde wohl über Nacht ausbleiben, da noch einige böse Schuldner in B. und S. zu mahnen seien. In diesem Falle werde er in B. beim Schlächter Salomon übernachten. Als er am folgenden Tage nicht heimkehrte, war seine Frau sehr besorgt geworden und hatte sich endlich heute um drei Nachmittags in Begleitung ihres Knechtes und des großen Schlächterhundes auf den Weg gemacht. Beim Juden Salomon wußte man nichts von Aaron; er war gar nicht da gewesen. Nun waren sie zu allen Bauern gegangen, von denen sie wußten, daß Aaron einen Handel mit ihnen im Auge hatte. Nur zwei hatten ihn gesehen, und zwar an demselben Tage, an welchem er ausgegangen. Es war darüber sehr spät geworden. Die große Angst trieb das Weib nach Haus, wo sie ihren Mann wiederzufinden eine schwache Hoffnung nährte. So waren sie im Brederholz vom Gewitter überfallen worden und hatten unter einer großen, am Berghange stehenden Buche Schutz gesucht; der Hund hatte unterdessen auf eine auffallende Weise umhergestöbert und sich endlich, trotz allem Locken, im Walde verlaufen. Mit einemmale sieht die Frau beim Leuchten des Blitzes etwas weißes neben sich im Moose. Es ist der Stab ihres Mannes, und fast im selben Augenblicke bricht der Hund durch's Gebüsch und trägt etwas im Maule: es ist der Schuh ihres Mannes. Nicht lange, so ist in einem mit dürrem Laube gefüllten Graben der Leichnam des Juden gefunden. – Dies war die Angabe des Knechtes, von der Frau nur im Allgemeinen unterstützt; ihre übergroße Spannung hatte nachgelassen und sie schien jetzt halb verwirrt oder vielmehr stumpfsinnig. – ⌜»Aug um

Auge, Zahn um Zahn!«⌉ dies waren die einzigen Worte, die
sie zuweilen hervorstieß.

In derselben Nacht noch wurden die Schützen aufgeboten,
um Friedrich zu verhaften. Der Anklage bedurfte es nicht,
da ⌈Herr von S. selbst Zeuge eines Auftritts gewesen war⌉,   5
der den dringendsten Verdacht auf ihn werfen mußte; zudem die Gespenstergeschichte von jenem Abende, das An-
einanderschlagen der Stäbe im Brederholz, der Schrei aus
der Höhe. Da der Amtsschreiber gerade abwesend war, so
betrieb Herr von S. selbst alles rascher, als sonst geschehen   10
wäre. Dennoch begann die Dämmerung bereits anzubre-
chen, bevor die Schützen so geräuschlos wie möglich das
Haus der armen Margreth umstellt hatten. Der Gutsherr
selber pochte an; es währte kaum eine Minute, bis geöffnet
ward und Margreth völlig gekleidet in der Türe erschien.   15
Herr von S. fuhr zurück; er hätte sie fast nicht erkannt, so
blaß und steinern sah sie aus.

»Wo ist Friedrich?« fragte er mit unsicherer Stimme. –
»Sucht ihn,« antwortete sie und setzte sich auf einen Stuhl.
Der Gutsherr zögerte noch einen Augenblick. »Herein,   20
herein!« sagte er dann barsch; »worauf warten wir?« Man
trat in Friedrichs Kammer. Er war nicht da, aber das Bett
noch warm. Man stieg auf den Söller*, in den Keller, stieß
in's Stroh, schaute hinter jedes Faß, sogar in den Backofen;
er war nicht da. Einige gingen in den Garten, sahen hinter   25
den Zaun und in die Apfelbäume hinauf; er war nicht zu
finden. – »Entwischt!« sagte der Gutsherr mit sehr ge-
mischten Gefühlen: der Anblick der alten Frau wirkte ge-
waltig auf ihn. »Gebt den Schlüssel zu jenem Koffer*.« –
Margreth antwortete nicht. – »Gebt den Schlüssel!« wie-   30
derholte der Gutsherr, und merkte jetzt erst, daß der
Schlüssel steckte. Der Inhalt des Koffers kam zum Vor-
schein: des Entflohenen gute Sonntagskleider und seiner
Mutter ärmlicher Staat*; dann zwei Leichenhemden mit
schwarzen Bändern, das eine für einen Mann, das andere   35

Dachboden

Kiste, Truhe

Kleidung

für eine Frau gemacht. Herr von S. war tief erschüttert. Ganz zu unterst auf dem Boden des Koffers lag die silberne Uhr und einige Schriften von sehr leserlicher Hand, eine derselben von einem Manne unterzeichnet, den man in starkem Verdacht der Verbindung mit den Holzfrevlern hatte. Herr von S. nahm sie mit zur Durchsicht, und man verließ das Haus, ohne daß Margreth ein anderes Lebenszeichen von sich gegeben hätte, als daß sie unaufhörlich die Lippen nagte und mit den Augen zwinkerte.

Im Schlosse angelangt, fand der Gutsherr den Amtsschreiber, der schon am vorigen Abend heimgekommen war und behauptete, die ganze Geschichte verschlafen zu haben, da der gnädige Herr nicht nach ihm geschickt. – »Sie kommen immer zu spät,« sagte Herr von S. verdrießlich. »War denn nicht irgend ein altes Weib im Dorfe, das Ihrer Magd die Sache erzählte? und warum weckte man Sie dann nicht?« – »Gnädiger Herr,« versetzte Kapp, »allerdings hat meine Anne Marie den Handel um eine Stunde früher erfahren als ich; aber sie wußte, daß Ihre Gnaden die Sache selbst leiteten, und dann,« fügte er mit klagender Miene hinzu, »daß ich so todmüde war.« – »Schöne Polizei!« murmelte der Gutsherr, »jede alte Schachtel im Dorf weiß Bescheid, wenn es recht geheim zugehen soll.« Dann fuhr er heftig fort: »Das müßte wahrhaftig ein dummer Teufel von Delinquenten sein, der sich packen ließe!«

Beide schwiegen eine Weile. – »Mein Fuhrmann hatte sich in der Nacht verirrt,« hob der Amtsschreiber wieder an; »über eine Stunde lang hielten wir im Walde; es war ein Mordwetter; ich dachte, der Wind werde den Wagen umreißen. Endlich, als der Regen nachließ, fuhren wir in Gottes Namen darauf los, immer in das Zellerfeld hinein, ohne eine Hand vor den Augen zu sehen. Da sagte der Kutscher: wenn wir nur nicht den Steinbrüchen zu nahe kommen! Mir war selbst bange; ich ließ halten und schlug Feuer, um wenigstens etwas Unterhaltung an meiner Pfeife zu haben.

senkrecht

Mit einemmale hörten wir ganz nah, perpendikulär* unter uns die Glocke schlagen. Ew. Gnaden mögen glauben, daß

hier: übel,
unangenehm

mir fatal* zu Mut wurde. Ich sprang aus dem Wagen, denn seinen eigenen Beinen kann man trauen, aber denen der

Schmutz,
Schlamm

Pferde nicht. So stand ich, in Kot* und Regen, ohne mich zu 5
rühren, bis es Gottlob sehr bald anfing zu dämmern. Und wo hielten wir? dicht an der Heerser Tiefe und den Turm von Heerse gerade unter uns. Wären wir noch zwanzig Schritt weiter gefahren, wir wären alle Kinder des Todes gewesen.« – »Das war in der Tat kein Spaß,« versetzte der 10
Gutsherr, halb versöhnt.

Er hatte unterdessen die mitgenommenen Papiere durchgesehen. Es waren Mahnbriefe um geliehene Gelder, die meisten von Wucherern. – »Ich hätte nicht gedacht,« murmelte er, »daß die Mergels so tief drin stecken.« – »Ja, und 15
daß es so an den Tag kommen muß,« versetzte Kapp; »das wird kein kleiner Ärger für Frau Margreth sein.« – »Ach Gott, die denkt jetzt daran nicht!« – Mit diesen Worten stand der Gutsherr auf und verließ das Zimmer, um mit Herrn Kapp die gerichtliche Leichenschau vorzunehmen. – 20
Die Untersuchung war kurz, gewaltsamer Tod erwiesen, der vermutliche Täter entflohen, die Anzeigen gegen ihn

schwer-
wiegend

zwar gravierend*, doch ⌐ohne persönliches Geständnis nicht beweisend¬, seine Flucht allerdings sehr verdächtig. So mußte die gerichtliche Verhandlung ohne genügenden 25
Erfolg geschlossen werden.

Die Juden der Umgegend hatten großen Anteil gezeigt. Das Haus der Witwe ward nie leer von Jammernden und Ratenden. Seit Menschengedenken waren nicht so viel Juden beisammen in L. gesehen worden. Durch den Mord ihres 30
Glaubensgenossen aufs Äußerste erbittert, hatten sie weder Mühe noch Geld gespart, dem Täter auf die Spur zu kommen. Man weiß sogar, daß einer derselben, gemeinhin der Wucherjoel genannt, einem seiner Kunden, der ihm mehrere Hunderte schuldete und den er für einen beson- 35

ders listigen Kerl hielt, Erlaß der ganzen Summe angeboten
hatte, falls er ihm zur Verhaftung des Mergel verhelfen
wolle; denn der Glaube war allgemein unter den Juden,
daß der Täter nur mit guter Beihülfe entwischt und wahrscheinlich noch in der Umgegend sei. Als dennoch Alles
nichts half und die gerichtliche Verhandlung für beendet
erklärt worden war, erschien am nächsten Morgen eine
Anzahl der angesehensten Israeliten* im Schlosse, um dem
gnädigen Herrn einen Handel anzutragen. Der Gegenstand
war die Buche, unter der Aarons Stab gefunden und wo der
Mord wahrscheinlich verübt worden war. – »Wollt ihr sie
fällen? so mitten im vollen Laube?« fragte der Gutsherr. –
»Nein, Ihro Gnaden, sie muß stehen bleiben im Winter und
Sommer, so lange ein Span daran ist.« – »Aber wenn ich
nun den Wald hauen lasse, so schadet es dem jungen Aufschlag*.« – »Wollen wir sie doch nicht um gewöhnlichen
Preis.« – Sie boten 200 Taler. Der Handel ward geschlossen
und allen Förstern streng eingeschärft, die Judenbuche auf
keine Weise zu schädigen. Darauf sah man an einem
Abende wohl gegen sechzig Juden, ihren Rabbiner an der
Spitze, in das Brederholz ziehen, alle schweigend und mit
gesenkten Augen. Sie blieben über eine Stunde im Walde
und kehrten dann eben so ernst und feierlich zurück, durch
das Dorf B. bis in das Zellerfeld, wo sie sich zerstreuten und
jeder seines Weges ging. Am nächsten Morgen stand an der
Buche mit dem Beil eingehauen:

אם תעבור במקום הזה יפגע בך כאשר אתה עשית לי

Und wo war Friedrich? Ohne Zweifel fort, weit genug, um
die kurzen Arme einer so schwachen Polizei nicht mehr
fürchten zu dürfen. Er war bald verschollen, vergessen.
Ohm Simon redete selten von ihm, und dann schlecht; die
Judenfrau tröstete sich am Ende und nahm einen andern
Mann. Nur die arme Margreth blieb ungetröstet.

nach
damaligem
Sprach-
gebrauch die
angesehenen
Mitglieder der
jüd. Gemeinde

vgl. S. 29,24

Etwa ein halbes Jahr nachher las der Gutsherr einige eben erhaltene Briefe in Gegenwart des Amtsschreibers. – »Sonderbar, sonderbar!« sagte er. »Denken Sie sich, Kapp, der Mergel ist vielleicht unschuldig an dem Morde. So eben schreibt mir der Präsident des Gerichtes zu P.*: ›˹Le vrai n'est pas toujours vraisemblable˺; das erfahre ich oft in meinem Berufe und jetzt neuerdings. Wissen Sie wohl, daß Ihr lieber Getreuer, Friedrich Mergel, den Juden mag eben so wenig erschlagen haben, als ich oder Sie? Leider fehlen die Beweise, aber die Wahrscheinlichkeit ist groß. Ein Mitglied der ˹Schlemmingschen Bande˺ (die wir jetzt, nebenbei gesagt, größtenteils unter Schloß und Riegel haben), Lumpenmoises genannt, hat im letzten Verhöre ausgesagt, daß ihn nichts so sehr gereue, als der Mord eines Glaubensgenossen, Aaron, den er im Walde erschlagen und doch nur sechs Groschen bei ihm gefunden habe. Leider ward das Verhör durch die Mittagsstunde unterbrochen, und während wir tafelten, hat sich der Hund von einem Juden an seinem Strumpfband erhängt. Was sagen Sie dazu? Aaron ist zwar ein verbreiteter Name u.s.w.‹« – »Was sagen Sie dazu?« wiederholte der Gutsherr; »und weshalb wäre der Esel von einem Burschen denn gelaufen?« – Der Amtsschreiber dachte nach. – »Nun, vielleicht der Holzfrevel wegen, mit denen wir ja gerade in Untersuchung waren. Heißt es nicht: der Böse läuft vor seinem eigenen Schatten? Mergels Gewissen war schmutzig genug auch ohne diesen Flecken.«

Dabei beruhigte man sich. Friedrich war hin, verschwunden und – Johannes Niemand, der arme, unbeachtete Johannes, am gleichen Tage mit ihm.

Eine schöne, lange Zeit war verflossen, acht-und-zwanzig Jahre, fast die Hälfte eines Menschenlebens; der Gutsherr war sehr alt und grau geworden, sein gutmütiger Gehülfe Kapp längst begraben. Menschen, Tiere und Pflanzen waren entstanden, gereift, vergangen, nur Schloß B. sah im-

52

mer gleich grau und vornehm auf die Hütten herab, die wie
alte hektische* Leute immer fallen zu wollen schienen und
immer standen. Es war am Vorabende des Weihnachtfe-
stes, den 24sten Dezember 1788. Tiefer Schnee lag in den
5 Hohlwegen, wohl an zwölf Fuß hoch, und eine durchdrin-
gende Frostluft machte die Fensterscheiben in der geheiz-
ten Stube gefrieren. Mitternacht war nahe, dennoch flim-
merten überall matte Lichtchen aus den Schneehügeln, und
in jedem Hause lagen die Einwohner auf den Knien, um
10 den Eintritt des heiligen Christfestes mit Gebet zu erwarten, wie dies in katholischen Ländern Sitte ist, oder wenigstens damals allgemein war. Da bewegte sich von der Bre-
der Höhe herab eine Gestalt langsam gegen das Dorf; der
Wanderer schien sehr matt oder krank; er stöhnte schwer
15 und schleppte sich äußerst mühsam durch den Schnee.
An der Mitte des Hanges stand er still, lehnte sich auf seinen Krückenstab und starrte unverwandt auf die Licht-
punkte. Es war so still überall, so tot und kalt; man mußte
an Irrlichter auf Kirchhöfen denken. Nun schlug es zwölf
20 im Turm; der letzte Schlag verdröhnte langsam und im
nächsten Hause erhob sich ein leiser Gesang, der, von Hause zu Hause schwellend, sich über das ganze Dorf zog:

⌈Ein Kindelein so löbelich
Ist uns geboren heute,
25 Von einer Jungfrau säuberlich,
Des freu'n sich alle Leute;
Und wär das Kindelein nicht gebor'n,
So wären wir alle zusammen verlor'n:
Das Heil ist unser Aller.
30 O du mein liebster Jesu Christ,
Der du als Mensch geboren bist,
Erlös uns von der Hölle!⌉

Der Mann am Hange war in die Knie gesunken und versuchte mit zitternder Stimme einzufallen; es ward nur ein lautes Schluchzen daraus, und schwere, heiße Tropfen fielen in den Schnee. Die zweite Strophe begann; er betete leise mit; dann die dritte und vierte. Das Lied war geendigt und die Lichter in den Häusern begannen sich zu bewegen. Da richtete der Mann sich mühselig auf und schlich langsam hinab in das Dorf. An mehreren Häusern keuchte er vorüber, dann stand er vor einem still und pochte leise an.

»Was ist denn das?« sagte drinnen eine Frauenstimme; »die Türe klappert und der Wind geht doch nicht.« – Er pochte stärker: »Um Gotteswillen, laßt einen halberfrorenen Menschen ein, der aus der türkischen Sklaverei kommt!« – Geflüster in der Küche. »Geht in's Wirtshaus,« antwortete eine andere Stimme, »das fünfte Haus von hier!« – »Um Gottes Barmherzigkeit willen, laßt mich ein! ich habe kein Geld.« – Nach einigem Zögern ward die Tür geöffnet und ein Mann leuchtete mit der Lampe hinaus. – »Kommt nur herein!« sagte er dann, »Ihr werdet uns den Hals nicht abschneiden.«

In der Küche befanden sich außer dem Manne eine Frau in den mittlern Jahren, eine alte Mutter und fünf Kinder. Alle drängten sich um den Eintretenden her und musterten ihn mit scheuer Neugier. Eine armselige Figur! mit schiefem Halse, gekrümmtem Rücken, die ganze Gestalt gebrochen und kraftlos; langes, schneeweißes Haar hing um sein Gesicht, das den verzogenen Ausdruck langen Leidens trug. Die Frau ging schweigend an den Herd und legte frisches Reisig zu. – »Ein Bett können wir Euch nicht geben,« sagte sie; »aber ich will hier eine gute Streu* machen; Ihr müßt Euch schon so behelfen.« – »Gott's Lohn!« versetzte der Fremde; »ich bin's wohl schlechter gewohnt.« – Der Heimgekehrte ward als Johannes Niemand erkannt, und er selbst bestätigte, daß er derselbe sei, der einst mit Friedrich Mergel entflohen.

Das Dorf war am folgenden Tage voll von den Abenteuern

aufgeschüttetes Stroh als Schlafgelegenheit

Die Judenbuche

des so lange Verschollenen. Jeder wollte den Mann aus der Türkei sehen, und man wunderte sich beinahe, daß er noch aussehe wie andere Menschen. Das junge Volk hatte zwar keine Erinnerungen von ihm, aber die Alten fanden seine Züge noch ganz wohl heraus, so erbärmlich entstellt er auch war. »Johannes, Johannes, was seid Ihr grau geworden!« sagte eine alte Frau. »Und woher habt Ihr den schiefen Hals?« – »Vom Holz- und Wassertragen in der Sklaverei,« versetzte er. – »Und was ist aus Mergel geworden? Ihr seid doch zusammen fortgelaufen?« – »Freilich wohl; aber ich weiß nicht, wo er ist, wir sind von einander gekommen. Wenn Ihr an ihn denkt, betet für ihn,« fügte er hinzu, »er wird es wohl nötig haben.«

Man fragte ihn, warum Friedrich sich denn aus dem Staube gemacht, da er den Juden doch nicht erschlagen? – »Nicht?« sagte Johannes und horchte gespannt auf, als man ihm erzählte, was der Gutsherr geflissentlich verbreitet hatte, um den Fleck von Mergels Namen zu löschen. »Also ganz umsonst,« sagte er nachdenkend, »ganz umsonst so viel ausgestanden!« Er seufzte tief und fragte nun seinerseits nach Manchem. Simon war lange tot, aber zuvor noch ganz verarmt, durch Prozesse und böse Schuldner, die er nicht gerichtlich belangen durfte, weil es, wie man sagte, zwischen ihnen keine reine Sache war. Er hatte zuletzt Bettelbrod gegessen und war in einem fremden Schuppen auf dem Stroh gestorben. Margreth hatte länger gelebt, aber in völliger Geistesdumpfheit. Die Leute im Dorf waren es bald müde geworden, ihr beizustehen, da sie alles verkommen ließ, was man ihr gab, wie es denn die Art der Menschen ist, gerade die Hülflosesten zu verlassen, solche, bei denen der Beistand nicht nachhaltig wirkt und die der Hülfe immer gleich bedürftig bleiben. Dennoch hatte sie nicht eigentlich Not gelitten; die Gutsherrschaft sorgte sehr für sie, schickte ihr täglich das Essen und ließ ihr auch ärztliche Behandlung zukommen, als ihr kümmerlicher

Zustand in völlige Abzehrung übergegangen war. In ihrem Hause wohnte jetzt der Sohn des ehemaligen Schweinehirten, der an jenem unglücklichen Abende Friedrichs Uhr so sehr bewundert hatte. – »Alles hin, Alles tot!« seufzte Johannes.

Am Abend, als es dunkel geworden war und der Mond schien, sah man ihn im Schnee auf dem Kirchhofe umherhumpeln; er betete bei keinem Grabe, ging auch an keines dicht hinan, aber auf einige schien er aus der Ferne starre Blicke zu heften. So fand ihn der Förster Brandis, der Sohn des Erschlagenen, den die Gutsherrschaft abgeschickt hatte, ihn in's Schloß zu holen.

Beim Eintritt in das Wohnzimmer sah er scheu umher, wie vom Licht geblendet, und dann auf den Baron, der sehr zusammengefallen in seinem Lehnstuhl saß, aber noch immer mit den hellen Augen und dem roten Käppchen auf dem Kopfe wie vor acht-und-zwanzig Jahren; neben ihm die gnädige Frau, auch alt, sehr alt geworden.

»Nun, Johannes,« sagte der Gutsherr, »erzähl mir einmal recht ordentlich von deinen Abenteuern. Aber,« er musterte ihn durch die Brille, »du bist ja erbärmlich mitgenommen in der Türkei!« – Johannes begann: wie Mergel ihn Nachts von der Herde abgerufen und gesagt, er müsse mit ihm fort. – »Aber warum lief der dumme Junge denn? du weißt doch, daß er unschuldig war?« – Johannes sah vor sich nieder: »Ich weiß nicht recht, mich dünkt, es war wegen Holzgeschichten. Simon hatte so allerlei Geschäfte; mir sagte man nichts davon, aber ich glaube nicht, daß Alles war, wie es sein sollte.« – »Was hat denn Friedrich dir gesagt?« – »Nichts, als daß wir laufen müßten, sie wären hinter uns her. So liefen wir bis Heerse; da war es noch dunkel und wir versteckten uns hinter das große Kreuz am Kirchhofe, bis es etwas heller würde, weil wir uns vor den Steinbrüchen am Zellerfelde fürchteten; und wie wir eine Weile gesessen hatten, hörten wir mit einemmale über uns

schnauben und stampfen und sahen lange Feuerstrahlen in
der Luft gerade über dem Heerser Kirchturm. Wir sprangen auf und liefen, was wir konnten in Gottes Namen gerade aus, und wie es dämmerte, waren wir wirklich auf
dem rechten Wege nach P.«

Johannes schien noch vor der Erinnerung zu schaudern,
und der Gutsherr dachte an seinen seligen Kapp und dessen
Abenteuer am Heerser Hange*. – »Sonderbar!« lachte er,
»so nah wart ihr einander! aber fahr fort.« – Johannes
erzählte nun, wie sie glücklich durch P. und über die Grenze gekommen. Von da an hatten sie sich als wandernde
Handwerksbursche durchgebettelt bis Freiburg im Breis-
gau. »Ich hatte meinen Brodsack bei mir,« sagte er, »und
Friedrich ein Bündelchen; so glaubte man uns.« – ⌐In Freiburg hatten sie sich von den Österreichern anwerben las-
sen¬: ihn hatte man nicht gewollt, aber Friedrich bestand
darauf. So kam er unter den Train*. »Den Winter über blieben wir in Freiburg,« fuhr er fort, »und es ging uns ziemlich
gut; mir auch, weil Friedrich mich oft erinnerte und mir
half, wenn ich etwas verkehrt machte. Im Frühling mußten
wir marschieren, nach Ungarn, und im Herbst ging der
⌐Krieg mit den Türken¬ los. Ich kann nicht viel davon nach-
sagen, denn ich wurde gleich in der ersten Affaire* gefangen und bin seitdem sechs-und-zwanzig Jahre in der türkischen Sklaverei gewesen!« – »Gott im Himmel! das ist
doch schrecklich!« sagte Frau von S. – »Schlimm genug;
die Türken halten uns Christen nicht besser als Hunde; das
Schlimmste war, daß meine Kräfte unter der harten Arbeit
vergingen; ich ward auch älter und sollte noch immer tun
wie vor Jahren.«

Er schwieg eine Weile. »Ja,« sagte er dann, »es ging über
Menschenkräfte und Menschengeduld; ich hielt es auch
nicht aus. – Von da kam ich auf ein holländisches Schiff.« –
»Wie kamst du denn dahin?« fragte der Gutsherr. – »Sie
fischten mich auf, aus dem Bosporus*,« versetzte Johan-

vgl.
S. 49,26–50,10

Tross; die für
den Nach-
schub an
Proviant und
Munition
sorgende
Truppe

hier: Gefecht

Meerenge bei
Istanbul, ver-
bindet
Schwarzes
Meer und
Marmarameer

nes. Der Baron sah ihn befremdet an und ⌐hob den Finger warnend auf⌐; aber Johannes erzählte weiter. Auf dem Schiffe war es ihm nicht viel besser gegangen. »Der Skorbut* riß ein; wer nicht ganz elend war, mußte über Macht arbeiten, und das Schiffstau regierte eben so streng wie die türkische Peitsche. Endlich,« schloß er, »als wir nach Holland kamen, nach Amsterdam, ließ man mich frei, weil ich unbrauchbar war, und der Kaufmann, dem das Schiff gehörte, hatte auch Mitleiden mit mir und wollte mich zu seinem Pförtner machen. Aber –« er schüttelte den Kopf – »ich bettelte mich lieber durch bis hieher.« – »Das war dumm genug,« sagte der Gutsherr. – Johannes seufzte tief: »O Herr, ich habe mein Leben zwischen Türken und Ketzern zubringen müssen, soll ich nicht wenigstens auf einem katholischen Kirchhofe liegen?« Der Gutsherr hatte seine Börse gezogen: »Da, Johannes, nun geh und komm bald wieder. Du mußt mir das Alles noch ausführlicher erzählen; heute ging es etwas konfus* durcheinander. Du bist wohl noch sehr müde?« – »Sehr müde,« versetzte Johannes; »und,« er deutete auf seine Stirn, »meine Gedanken sind zuweilen so kurios*, ich kann nicht recht sagen, wie es so ist.« – »Ich weiß schon,« sagte der Baron, »von alter Zeit her. Jetzt geh. Hülsmeyers behalten dich wohl noch die Nacht über, morgen komm wieder.«

Herr von S. hatte das innigste Mitleiden mit dem armen Schelm; bis zum folgenden Tage war überlegt worden, wo man ihn einmieten könne; essen sollte er täglich im Schlosse, und für Kleidung fand sich auch wohl Rat. »Herr,« sagte Johannes, »ich kann auch noch wohl etwas tun; ich kann hölzerne Löffel machen, und Ihr könnt mich auch als Boten schicken.« Herr von S. schüttelte mitleidig den Kopf: »Das würde doch nicht sonderlich ausfallen.« – »O doch Herr, wenn ich erst im Gange bin – es geht nicht schnell, aber hin komme ich doch, und es wird mir auch nicht so sauer, wie man denken sollte.« – »Nun,« sagte der Baron

zweifelnd, »willst du's versuchen? hier ist ein Brief nach P.
Es hat keine sonderliche Eile.«

Am folgenden Tage bezog Johannes sein Kämmerchen bei
einer Witwe im Dorfe. Er schnitzelte Löffel, aß auf dem
5 Schlosse und machte Botengänge für den gnädigen Herrn.
Im Ganzen ging's ihm leidlich; die Herrschaft war sehr gü-
tig, und Herr von S. unterhielt sich oft lange mit ihm über
die Türkei, den österreichischen Dienst und die See. – »Der
Johannes könnte viel erzählen,« sagte er zu seiner Frau,
10 »wenn er nicht so grundeinfältig wäre.« – »Mehr tiefsinnig
als einfältig,« versetzte sie; »ich fürchte immer, er schnappt
noch über.« – »Ei bewahre!« antwortete der Baron, »er
war sein Lebenlang ein Simpel*; simple Leute werden nie   einfältiger
verrückt.« Mensch,
  Dummkopf
15 Nach einiger Zeit blieb Johannes auf einem Botengange
über Gebühr lange aus. Die gute Frau von S. war sehr besorgt um ihn und wollte schon Leute aussenden, als man
ihn die Treppe heraufstelzen hörte. – »Du bist lange ausge-
blieben, Johannes,« sagte sie; »ich dachte schon, du hättest
20 dich im Brederholz verirrt.« – »Ich bin durch den Föhren-
grund gegangen.« – »Das ist ja ein weiter Umweg; warum
gingst du nicht durch's Brederholz?« – Er sah trübe zu ihr
auf: »Die Leute sagten mir, der Wald sei gefällt, und jetzt
seien so viele Kreuz- und Querwege darin, da fürchtete ich,
25 nicht wieder hinauszukommen. Ich werde alt und duselig,«
fügte er langsam hinzu. – »Sahst du wohl,« sagte Frau von
S. nachher zu ihrem Manne, »wie wunderlich und quer er
aus den Augen sah? Ich sage dir, Ernst, das nimmt noch ein
schlimmes Ende.«

30 Indessen nahte der September heran. Die Felder waren leer,
das Laub begann abzufallen und mancher Hektische* fühl-   vgl. S. 53,2
te die Schere an seinem Lebensfaden. Auch Johannes
schien unter dem Einflusse des nahen ⌈Äquinoktiums⌉ zu
leiden; die ihn in diesen Tagen sahen, sagen, er habe auf-
35 fallend verstört ausgesehen und unaufhörlich leise mit sich

selber geredet, was er auch sonst mitunter tat, aber selten. Endlich kam er eines Abends nicht nach Hause. Man dachte, die Herrschaft habe ihn verschickt, am zweiten auch nicht, am dritten Tage ward seine Hausfrau* ängstlich. Sie ging in's Schloß und fragte nach. – »Gott bewahre,« sagte der Gutsherr, »ich weiß nichts von ihm; aber geschwind den Jäger gerufen und Försters Wilhelm! Wenn der armselige Krüppel,« setzte er bewegt hinzu, »auch nur in einen trockenen Graben gefallen ist, so kann er nicht wieder heraus. Wer weiß, ob er nicht gar eines von seinen schiefen Beinen gebrochen hat! – Nehmt die Hunde mit,« rief er den abziehenden Jägern nach, »und sucht vor Allem in den Gräben; seht in die Steinbrüche!« rief er lauter.

Die Jäger kehrten nach einigen Stunden heim; sie hatten keine Spur gefunden. Herr von S. war in großer Unruhe: »Wenn ich mir denke, daß einer so liegen muß wie ein Stein, und kann sich nicht helfen! Aber er kann noch leben; drei Tage hält's ein Mensch wohl ohne Nahrung aus.« – Er machte sich selbst auf den Weg; in allen Häusern wurde nachgefragt, überall in die Hörner geblasen, gerufen, die Hunde zum Suchen angehetzt – umsonst! – Ein Kind hatte ihn gesehen, wie er am Rande des Brederholzes saß und an einem Löffel schnitzelte; »er schnitt ihn aber ganz entzwei,« sagte das kleine Mädchen. Das war vor zwei Tagen gewesen. Nachmittags fand sich wieder eine Spur: abermals ein Kind, das ihn an der andern Seite des Waldes bemerkt hatte, wo er im Gebüsch gesessen, das Gesicht auf den Knien, als ob er schliefe. Das war noch am vorigen Tage. Es schien, er hatte sich immer um das Brederholz herumgetrieben.

»Wenn nur das verdammte Buschwerk nicht so dicht wäre! da kann keine Seele hindurch,« sagte der Gutsherr. Man trieb die Hunde in den jungen Schlag*; man blies und hallote und kehrte endlich mißvergnügt heim, als man sich überzeugt, daß die Tiere den ganzen Wald abgesucht hat-

Hauswirtin, Vermieterin

vgl. S. 29,24

ten. – »Laßt nicht nach! laßt nicht nach!« bat Frau von S.; »besser ein paar Schritte umsonst, als daß etwas versäumt wird.« – Der Baron war fast ebenso beängstigt wie sie. Seine Unruhe trieb ihn sogar nach Johannes Wohnung, obwohl er sicher war, ihn dort nicht zu finden. Er ließ sich die Kammer des Verschollenen aufschließen. Da stand sein Bett noch ungemacht, wie er es verlassen hatte; dort hing sein guter Rock, den ihm die gnädige Frau aus dem alten Jagdkleide des Herrn hatte machen lassen; auf dem Tische ein Napf, sechs neue hölzerne Löffel und eine Schachtel. Der Gutsherr öffnete sie; fünf Groschen lagen darin, sauber in Papier gewickelt, und vier silberne Westenknöpfe; der Gutsherr betrachtete sie aufmerksam. »Ein Andenken von Mergel,« murmelte er und trat hinaus, denn ihm ward ganz beengt in dem dumpfen, engen Kämmerchen. Die Nachsuchungen wurden fortgesetzt, bis man sich überzeugt hatte, Johannes sei nicht mehr in der Gegend, wenigstens nicht lebendig. So war er denn zum zweitenmal verschwunden; ob man ihn wiederfinden würde – vielleicht einmal nach Jahren seine Knochen in einem trockenen Graben? ihn lebend wieder zu sehen, dazu war wenig Hoffnung, und jedenfalls nach acht-und-zwanzig Jahren gewiß nicht.

Vierzehn Tage später kehrte der junge Brandis Morgens von einer Besichtigung seines Reviers durch das Brederholz heim. Es war ein für die Jahreszeit ungewöhnlich heißer Tag; die Luft zitterte, kein Vogel sang, nur die Raben krächzten langweilig aus den Ästen und hielten ihre offenen Schnäbel der Luft entgegen*. Brandis war sehr ermüdet. Bald nahm er seine von der Sonne durchglühte Kappe ab, bald setzte er sie wieder auf. Es war Alles gleich unerträglich, das Arbeiten durch den kniehohen Schlag sehr beschwerlich. Rings umher kein Baum außer der Judenbuche. Dahin strebte er denn auch aus allen Kräften und ließ sich todmatt auf das beschattete Moos darunter nieder.

* westfälische Redensart

Die Kühle zog so angenehm durch seine Glieder, daß er die Augen schloß. »Schändliche Pilze!« murmelte er halb im Schlaf. Es gibt nämlich in jener Gegend eine Art sehr saftiger Pilze, die nur ein paar Tage stehen, dann einfallen und einen unerträglichen Geruch verbreiten. Brandis glaubte solche unangenehmen Nachbarn zu spüren, er wandte sich ein paarmal hin und her, mochte aber doch nicht aufstehen; sein Hund sprang unterdessen umher, kratzte am Stamm der Buche und bellte hinauf. – »Was hast du da, Bello? eine Katze?« murmelte Brandis. Er öffnete die Wimper halb und die Judenschrift fiel ihm in's Auge, sehr ausgewachsen, aber doch noch ganz kenntlich. Er schloß die Augen wieder; der Hund fuhr fort zu bellen und legte endlich seinem Herrn die kalte Schnauze an's Gesicht. – »Laß mich in Ruh! was hast du denn?« Hiebei sah Brandis, wie er so auf dem Rücken lag, in die Höhe, sprang dann mit einem Satze auf und wie besessen in's Gestrüpp hinein. Totenbleich kam er auf dem Schlosse an: in der Judenbuche hänge ein Mensch; er habe die Beine gerade über seinem Gesicht hängen sehen. – »Und du hast ihn nicht abgeschnitten, Esel?« rief der Baron. – »Herr,« keuchte Brandis, »wenn Ew. Gnaden da gewesen wären, so wüßten Sie wohl, daß der Mensch nicht mehr lebt. Ich glaubte Anfangs, es seien die Pilze.« Dennoch trieb der Gutsherr zur größten Eile und zog selbst mit hinaus.

Sie waren unter der Buche angelangt. »Ich sehe nichts,« sagte Herr von S. – »Hierher müssen Sie treten, hierher, an diese Stelle!« – Wirklich, dem war so: der Gutsherr erkannte seine eigenen abgetragenen Schuhe. – »Gott, es ist Johannes! – Setzt die Leiter an! – so – nun herunter! – sacht, sacht! laßt ihn nicht fallen! – Lieber Himmel, die Würmer sind schon daran! Macht dennoch die Schlinge auf und die Halsbinde.« – ⌐Eine breite Narbe ward sichtbar; der Gutsherr fuhr zurück. – »Mein Gott!« sagte er; er beugte sich wieder über die Leiche, betrachtete die Narbe mit großer

Aufmerksamkeit und schwieg eine Weile in tiefer Erschütterung.⌐ Dann wandte er sich zu den Förstern: ⌐»Es ist nicht recht, daß der Unschuldige für den Schuldigen leide; sagt es nur allen Leuten: der da« – er deutete auf den Toten – »war Friedrich Mergel.« – Die Leiche ward auf dem Schindanger verscharrt.⌐

Dies hat sich nach allen Hauptumständen wirklich so begeben im September des Jahrs ⌐1788⌐. – Die hebräische ⌐Schrift an dem Baume⌐ heißt:

»Wenn du dich diesem Orte nahest, so wird es dir ergehen, wie du mir getan hast.«

Anhang

Geschichte eines Algierer-Sklaven[*]
Von A. Freiherrn Haxthausen

Der Bauernvogt von *Ovenhausen* hatte im Herbst 1782
einen Knecht *Hermann Winkelhannes*, mit dem er, weil es
5 ein tüchtiger frischer Bursche, wohl zufrieden war. Dieser
hatte bei dem Schutzjuden[*] *Pinnes*[*] in *Vörden* Tuch zum
Foerhemd (Camisol)[*] ausgenommen, und als er wohl
schon einige Zeit damit umhergegangen und der Jude ihn
nun an die Bezahlung mahnt, so läugnet er, verdrießlich,
10 das schon etwas abgetragene, und auch nicht einmal gut
ausgefallene Tuch noch theuer bezahlen zu müssen, jenem
keck ab, so hoch mit ihm übereingekommen zu seyn, vielmehr habe er die Elle[*] zwei gute Groschen wohlfeiler ac-
cordirt[*], und nach manchem Hin- und Herreden sagt er
15 zulezt: ⌜»du verflogte Schinnerteven von Jauden, du wust
mi man bedreigen, eh ek di den halven Daler in den Rachen
smite, well ek mi leiver den kleinen Finger med den Tännen
afbiten, un wann de mi noch mal kümmst, so schla ik di de
Jacken so vull, dat du de Dage dines Levens an mi gedenken
20 sast.«⌝ Dem Juden bleibt also nichts anders übrig, als ihn
beim H..schen[*] Gericht, der Gutsherrschaft *Hermanns*, zu
verklagen. In der Zwischenzeit bis zum Gerichtstag hat
sich dieser mit mehreren besprochen, und ist ihm von den
Bauern, da es gegen einen Juden ging, gerathen worden, es
25 darauf ankommen zu lassen; wie denn sein eigener Brod-
herr sich später ein Gewissen daraus gemacht hat, daß er
ihm damals gesagt habe: ⌜»Ei wat wust du denn dat be-
thalen, eck schlöge ja leiver den Jauden vörm Kopp, dat hei
den Himmel vor'n Dudelsack ansieht, et is ja man 'n Jau-
30 de!«⌝

---

[*] Die hier niedergeschriebene Geschichte ist wörtlich wahr; viele
hundert Leute in der Gegend, wo der Unglückliche lebte, können
das bezeugen.

vgl. Kommen-
tar, S. 89

Phinees, hebr.
Vorname

›Unterjacke‹,
Hemd

alte Längen-
einheit

vereinbart,
ausgehandelt

Haxt-
hausen'schen

Aber am Morgen des Gerichtstages beschwor der Jude sein ⌈Annotirbuch⌉, und da er außerdem unbescholten war, ward ihm der volle Preiß zugesprochen; da wollen Leute, die die Treppe herauf gingen, als Hermann von der Gerichtsstube herunter kam, gehört haben, daß er gesagt: ⌈»Töf, ek will di kalt maken!«⌉ von welchen Worten ihnen das Verständniß erst nach dem Morde geworden.

Es war Abend geworden, als der Förster *Schmidts* quer übers Feld auf's Dorf zugehend, den Hermann an der Rikke* herauf nach dem Heilgen Geist Holz zugehen sieht, und, glaubend jener wolle noch spät Holz stehlen, ihm behutsam auf dem Fuß nachfolgt. Als er ihn aber nur einen Knüppel sich abschneiden sieht, und die Zackäste davon abschlagen, so sagt er halb ärgerlich bei sich: »I wenn du wieder nix wult häddest, ase dat, so häddest du mi auk nich bruken dahenup to jagen«; und die Flinte, die er auf den schlimmsten Fall zu schneller Bereitschaft unter den Arm genommen, wieder auf die Schulter hockend, geht er langsam die Schlucht herunter nach dem Dorf zu. Nahe davor zwischen den Gärten begegnet ihm der Jude Pinnes und bittet für seine Pfeife um etwas Feuer, welches man auch keinem Juden abschlagen darf, und weil der Zunder nicht gleich fangen will, so reden sie vom Handel, und ob der Jud seine Fuchsfelle haben wolle, der aber: er könne jetzt nicht wieder umkehren und sie besehen, er müsse nach Hause; »ja«, sagte der Förster ihm das Feuer auf die Pfeife legend, ⌈»wenn du noch na Huse wust, so mak dat du vor der Dunkelheit dörch 't Holt kümmst, de Nacht meint et nich gut med den Minschen.«⌉

Zwei Tage drauf des Nachmittags kommt die Frau des Schutzjuden Pinnes den Höxterschen Weg herunter ins Dorf, schreiend und heulend: ihr Mann läge oben erschlagen im Heilgen Geist Holze; und während die Leute zusammenstehn und es besprechen und einige den Weg heraufgehen, dem Holze zu, giebt sie es bei dem Gerichte an, und

Zaun, Hecke, Umzäunung von Weiden

erzählt unter Schluchzen, als vorgestern ihr Mann nicht gekommen, gestern nicht, und auch heute Morgen nicht, habe sie sich aufgemacht, um hier im Dorf zu fragen welchen Weg er genommen, und als sie durchs Holz gekommen, sei auf einem Fleck viel Blut gelegen, und eine Spur davon habe ins nahe Gebüsch gewiesen, da sei sie neugierig gefolgt, meinend ein todwundes Wild sei da vielleicht hineingekrochen, da sei es ein Mensch gewesen, und ihr Mann, und todt!

Man bringt ihn auf einer Tragbahre ins Dorf. Er hatte siebzehn sichtbare Schläge mit einem Knüppel erhalten, aber keiner von sechsen, auf den Hirnschädel gefallenen, hatte diesen zersprengt, ohngeachtet sie so vollwichtig* gewesen, daß die Haut jedesmal abgequetscht war. Nur einer ins Genick und ein Paar in die Rippen waren ihm tödtlich geworden. Die Haut in beiden Händen war abgeschält; (er hatte, wie sich später erwieß, mehrmals krampfhaft den zackichten Prügel ergriffen, der Mörder ihm aber denselben mit aller Gewalt durch die Hände gerissen daß die Haut daran geblieben). wuchtig

Der Förster Schmidts war mit unter denen gewesen, die hinauf gegangen, und fand kaum 100 Schritt vor der Leiche auf dem Wege nach Ovenhausen rechts am Graben den blutigen Knüppel der seine Gedanken auf Hermann leitete; dann kam beim Gericht die Erinnerung an den Prozeß, und bald die Aussage jener die gehört, daß Hermann unten an der Treppe gesagt: ek will di kalt maken.

Da gab das Gericht Befehl ihn zu arretiren*, und weil man hörte, er sei seit ein paar Tagen nicht mehr beim Voigt in Ovenhausen, sondern bei seinem Vater in Bellersen, so setzte sich der Drost* Freiherr H..n selbst mit einem Reitknechte zu Pferde, und ritt von der einen Seite ins Dorf, während von der andern Seite die Gerichtsdiener auf das Haus des alten Winkelhannes zukamen. Der aber erzählte, als man niemanden fand, sein Sohn sei schon seit voriger verhaften Vorsteher eines Verwaltungsbezirks

Nacht fort, er wisse nicht wohin. Das war aber unwahr, denn Hermann erzählte später selbst: er habe die Gerichtsdiener aufs Haus zukommen sehen, da sei er durchs Fenster in den Garten gesprungen und habe sich in die Vicebohnen* versteckt, und habe das Suchen alles gehört, wie es dann still geworden, dann ein Paar am Gartenzaun sich begegnet, und der eine gesagt: ⌜da häwwet se en! worauf der andere: ach wat willt se'n häwwen, de is längest öwer alle Berge! wo sull he denn wal hen lopen sin? Ach wat weit eck, na Ueßen, na Prüßen, na Duderstat hen!⌝

Der Jude lag indeß auf der Todtenbahre und seine Wunden öffneten sich nicht mehr, um bei Vorführung des Mörders zu bluten. Da kamen die Verwandten und Glaubensgenossen, ihn zum ehrlichen Begräbniß abzuholen, und während der Rabbiner ihn in den Sarg legen und auf den Wagen laden läßt, stehen der Bruder und ein paar andre Juden beim Drosten H..n und bitten ihn nach einiger Einleitung, »se hatten 'ne grause* Bitte an er Gnoden*.« – Nun und worin besteht die? wendete der Drost ein. »Er Gnoden müssen's uns aber nich vor übel nehmen, da is der Baum wo unser Bruder bei erschlagen, da wöllten mer se bitten, ob se uns erlauben wollten in den Baum unsre Zeichen 'nein zu schneiden, wir wollens gerne bezohlen, fordern er Gnoden nur was se da vor haben wollen«. – »O das thut in Gottesnahmen so viel ihr nur wollt!« – »Nu mer wollen allen Schaden ersetzen, verkaufen se uns den Baum«. – »Ach was, schreibt daran was ihr Lust habt, das thut dem Baum weiter nichts. Aber was wollt ihr denn drein schneiden, dürft ihr das nicht sagen?« frägt der Drost zurück. »Ach wenn er Gnoden es nich vor übel nehmen wollten, da ist unser Rabbiner der soll da unsere Hebräischen Zeichen nein schneiden, daß der Mörder, den unser Gott finden werd, keines rechten Daudes* sterben soll.«

Nach fast 6 Jahren, im Frühjahr 1788, wird dem ⌜Fürstbischof von Paderborn⌝, während gerade in der Zeit des

Stangenbohnen, auch Veits- oder Schminkbohnen

wohl im Sinne von ›schwerwiegend‹

Euer Gnaden

Todes

Landtags Mehrere von der Ritterschaft, worunter auch der
Drost H..n, bei ihm an der Mittagstafel sitzen, ein Brief
gebracht, welchen er, nachdem er ihn gelesen, dem Drosten
giebt, »das betreffe jemand aus einem seiner Dörfer und
5 wie sich das verhalte, ob man etwas dafür thun solle?« Der
Drost, nach aufmerksamer Lesung, giebt ihn dem Fürsten
zurück: »Er überlasse das der Einsicht ihrer Fürstlichen
Gnaden, der Mensch sei übrigens im stärksten Verdacht
eines begangenen Mordes, und man würde ihn dort nur
10 befreien, um ihn hier den Händen der Gerechtigkeit zu
überliefern«. –
Der Brief aber lautet wörtlich so:
Ihro Hochfürstlich Gnaden durchleichtigster Printz.
Mein allergnädigster Herr herr etc.
15 Ich armer bitte Unterthänigst. zu vergeben daß ich mein
Schreiben. an ihro durchleichtigsten* Printzen Ergehen laße. in deme ich nach Gott Einzig und allein meine Zuflucht
zu ihro Gnaden meinen allergnädigsten Landesherren suche, hoffe meine Bitte erhöret zu werden.
20 Ich Johannes Winkelhannes von den Paderpormschen auß
Pelersen deß fürstenthum von Neuhaus gebürtig, von der
Dioces Churfürstenthum Cöllen. Mein Vatter hermanns
und meine Muetter Maria Elisabetta Abgentz, deßen Eh-
lich Erzeigte Sohn stunde in spanischen Dienste untter dem
25 löbl. Regiment Provante geriethe Sclavische Gefangen-
schaft worinnen ich schon über zwei Jahre lang in diesem
so erbermlichen Leben bin, Wenn man sollte sprechen das
Ellend der Christen unde wie sie von diessen Barbaren
dractieret* werden, ist mir unmöglich zu schreiben, und die
30 teglichen Nahrung bei so schwerer Arbeit miserable Kleidung sollte ein steinernes Herze zum Mitleiden bewegen.
Doch meiner seits Gott sei Dank habe ich einen guetten
Patron bekhomen, welcher der erste Minister nach dem
Bei* ist, und wird Casnätzi* genannt, wo ich an Unterhalt
35 undt Kleidung keinen Mangel leidte doch in bedenkung ein

durchlauch-
tigster;
Anrede an
einen Fürsten

traktiert,
behandelt
türk. Titel;
müsste hier
aber richtig
›Dei‹ heißen
(vgl. S. 76,5)
Khasnadji;
Amtsbezeich-
nung des
alger. Schatz-
ministers

Sklave den Christenthum Entzogen, und meiner Schuldig-
keit als ein Christ nit nachkommen kann. Keinen Trost.
Undt zuflucht bei keinem Menschen mich dieses Jemerli-
chen Standes zu entziehen, so setze ich nun mein Vertrauen
und Zuflucht zu ihro hochfürstliche gnaden Kniefehlich   5
mit bitteren Thränen bittend durch das bittere Leidten und
Sterben Jesu Christi sich meine zu erbarmen, mich dieses
Ellenden Sclaven-Stande Loß zu machen und mir wiederum
um in mein liebes Vatterlandt zu verhelfen es ist in Wahrheit es ist Villes Gelt nachendt bei Dreihundert Ducaten*,   10
doch wird solches Gott der Allmechtige solches an ihrer
hoch fürstlichen Gnaden reichlich vergelten bittend anbey
dieses mein Schreiben an meine libe Eltern und befreunde
wissen zu thun, so sie annoch bei Leben seyen mochten
laße sie ebenfalls freundlich grüssen und bitten, sie moch-   15
ten ebenfalls bei ihro hochfürstlichen Landesherren vor
mich bitten und in ihren Gebett bei Gott vor meine Guet
Detter und Erlöser dieses Elendes ingedenk sein. Schliesse
mit bitteren Thränen und verharre an ihro Hchfürstliche
Gnaden   20

das Lösegeld,
um den
Sklaven freizu-
kaufen

Ein aller unterthänigster Unterthan
und Diener
Johannes Winkelhannes Sclav de Minister
Casnaczi in Algier.

So ein Schreiben an mich überschickt werden sollte, ist sol-   25
ches an Monsieur Walther Consul de Schvede zu attres-
siren und muß solches bis nach Marseilo frangieret werden.

Signt. Algier in Barbaria
den 8ten November an. 1787.   30
Im April 1807 wird dem Drosten H..n in dem Augenblick,
als er auf der Haustreppe steht, um in den Wagen zu stei-
gen, der ihn nach Paderborn bringen soll, von dem Feld-

diener und Gerichtsboten *Malchus* die Anzeige gemacht: in Bellersen sei vor einigen Tagen der Hermann Winkelhannes, der seit 25 Jahren verschollen, und damals des Mordes beschuldigt, eingetroffen, ob man da vielleicht von Gerichtswegen ihn arretiren oder sonst verfahren solle. Worauf der Drost in den Gedanken der Abreise durch plötzliche Verwunderung über die seltsame Nachricht gestört, und die Schwere der Worte nicht gleich erwägend, zum Gerichtsdiener gesagt: allerdings, er müße gleich arretirt werden; aber eingestiegen und kaum vom Hof gefahren läßt er halten, und ruft den Gerichtsdiener an den Kutschenschlag, ihm befehlend: er solle noch mit der ganzen Sache ruhen, und schweigen, er wolle erst in Paderborn anfragen, die Sache sei so lange her, die Zeugen meist todt oder fort, die ganze Untersuchung also schwer und unklar, auch schon längst Gras darüber gewachsen.

Dort angekommen geht er nach dem noch von Preußischer Seite angestellten Regierungspräsidenten ⌐*von Coninx*⌐, und frägt ihn um Rath, der aber sagt gleich, er möge den Hermann W. ganz ungekränkt lassen, 24jährige Sklaverei wäre nach dem Gesetze dem Tode gleich gesetzt. Und so fährt er wieder nach Haus und läßt dem Hermann W. sagen, daß er ganz frei und unbestraft leben dürfe, und er möge bei Gelegenheit einmal zu ihm kommen.

Da meldet einen Nachmittag, als die Familie beim Kaffee sitzt, der Bediente: der Algierer sei da und wolle gern den gnädigen Herrn sprechen. Auf den Befehl, er solle ihn nur herein weisen, tritt ein kleiner krüpplicht bucklichter Kerl herein, ganz kümmerlich aussehend, der auf die Frage, ob er der Hermann Winkelhanns sey und wie es ihm ergangen, dieß erst nach mehrmaliger Wiederholung versteht, und dann in einer Sprache antwortet, deren Zusammenhang wieder niemand im Zimmer versteht, und die ein Gemisch scheint von wenig Deutsch und Holländisch, mehr Französisch und Italiänisch und Türkisch, wie sie die Sclaven in der Barbarei unter einander sprechen.

Erst nach mehreren Monaten, als er unter seinen Verwandten wieder gebrochen Deutsch gelernt und mehrmals und oft wieder gekommen, hat er sich dem Drosten ganz verständlich machen können, der ihm nach und nach seine Geschichte abgefragt.

Da hat ihn einsmals auch der Drost gefragt: ⌐»nu seg mal Hermen, du brukst ja jetz doch nix mer to förchten, wi is dat kumen med den Jauden dat du den vor de Blesse schlahen hest?« »Ach dat well ek er Gnaden seggen, ek wull' en nich daut schlahen, sunnern men düet dörchprügeln, wi ek en averst sau an den Kragen fatte da ritt he sik loß, un gav mi einen med sinen dören Stock, dei mi höllisch wei deihe, da schlog ek en in der Bosheit med minen Knüppel glik övern Kopp dat he flugs tosammen stört asse 'n Taskenmest. Da dacht ek: nu is et doch verbi, nu sust 'n auck ganz daut schlahen.«⌐

Wie er ihn nun todt vor sich liegen gesehen, da wäre die Angst über ihn gekommen, und wäre nicht wieder zu seinem Herrn nach Ovenhausen gegangen sondern nach Hause, und da sein Vater darüber verwundert, habe er ihm gesagt er hätte Streit mit seinem Brodherrn bekommen und sei aus dem Dienst gegangen. Da sei denn aber auf einmal die Nachricht von dem Morde gekommen, und sein Vater um jenen Prozeß wissend habe ihn scharf angesehen: ⌐»Hermen Hermen med di is et nich richtig, du hest wat up de Seele, give Gott dat et nich Unglück un Schanne is.«⌐ Nun hätte er am Mittag in der Hausthür gestanden, als er die Gerichtsdiener von der einen Seite und den gnädigen Herrn von der andern im Dorf herauf kommen gesehen. Da hätte er wohl gemerkt daß es auf ihn abgesehen, und sei in die Stube gesprungen und hätte seinem Vater gesagt; er solle ihn nicht verrathen; und da der Gerichtsdiener schon vor dem Hause, sei er zum Fenster hinaus in den Garten in die Vicebohnen gesprungen.

Da hätte er denn hören können wie sie nach ihm gefragt,

und sei in der größten Angst gewesen weil das Fenster noch
offen, und wenn sie da recht zugesehen so würden sie die
Fußtapfen im umgegrabenen Lande haben sehen können,
wo er heraus gesprungen, bis in die Vicebohnen, einmahl
habe der gnädige Herr zum Fenster heraus gesehen, da
habe er in höchster Angst das Gelübde gethan, baarfuß
nach Werl* zu wallfahrten wenn ihn niemand sähe. Da hätte ihn die Mutter Gottes erhört und ihn niemand entdeckt,
als es aber Nacht geworden da sei er leise über den Zaun
gestiegen und queer durch den Garten zum Dorf hinaus.
Auf der Höhe nach dem kleinen Kiel* zu habe er sich noch
einmal umgesehen, da hätte er die Lichter im Dorfe gesehen und die Hunde hätten gebellt, damahls habe er gemeint
er kriegt es nun wohl sein Lebtage nicht wieder zu sehen.
Und er hätte Schuh und Strümpfe ausgezogen, und wäre,
den Rosenkranz betend, über die Hölzer ins Lippische hinein gegangen, und den zweiten Abend sei er in Werl angelangt. Ganz früh am andern Morgen habe er gebeichtet
und communicirt*, und er habe noch einen halben Gulden
gehabt, den habe er der Mutter Gottes als Opferpfennig
gegeben, da sei ihm ganz frisch zu Sinne geworden, und wie
er aus der Kirche getreten, da sei die Sonne eben durch die
Bäume aufgegangen, die auf dem Kirchhof stehen, und die
Schatten davon wären alle nach Holland gelaufen, da hätte
er gedacht: ich muß auch wohl dahin, und wäre munter
zugeschritten.
In Holland half er sich bis zum Frühjahr mit Taglohn
durch, dann ließ er sich zum Matrosen anwerben, worauf
er nach einigen Reisen in Englische Häfen, nach Genua
kam und sich dort während einer Ruhe von mehreren Monaten, durch höheren Lohn gereizt, auf einen Genuesi-
schen Kauffahrer dingen ließ, der in die Levante* schiffte,
obgleich seine holländischen Cammeraden eifrig abrie-
then, ihm die Gefahr, von Piraten gefaßt zu werden, vor-
stellend. Es ging auch glücklich das erstemal, da ließ er

vgl. Erl. zu
S. 16,7–9

ein keil-
förmiges
Waldstück in
der fraglichen
Gegend (vgl.
Kommentar
2.1)

das Abend-
mahl
genommen

die östl. Mittel-
meerländer

Arbeitsvertrag

seinen Contract* noch einmal verlängern; ⌐als er aber das
drittemal dieselbe Reise machte, ward das Schiff im Sicili-
schen Meer von Seeräubern genommen, und in den Hafen
von Algier gebracht⌐.

Minister in
islam. Staaten

türk. Titel für
den Herrscher
von Algier

Abtrünniger,
ein vom Chri-
stentum zum
Islam Über-
getretener

erdrosselt

Auf dem Sklavenmarkt kaufte ihn der Vezir* des Dei*, ein   5
Renegat*, mit Namen Casnatzi, und da er ein wackerer
tüchtiger Bursch war, hatte er es gut bei ihm, ja er machte
ihn, da er etwas schreiben und ein wenig Italienisch und
Französisch konnte, zu seinem Haushofmeister. Aus dieser
Zeit rührt jener Brief her, den er an den Fürstbischof ge-   10
schrieben. Aber die Herrlichkeit dauerte nicht lang; der
Vezir fiel plötzlich in Ungnade und ward strangulirt*, sein
Vermögen verfiel dem Dei, und seine Sklaven wurden öf-
fentliche Sklaven. Da fing sein eigentliches Elend an, und
dauerte 17 Jahre hindurch bis zu seiner Befreiung. Die   15
Sklaven mußten große Steine auf Schleifen aus dem Lande

Mole, Hafen-
damm

nach dem Molo* ziehen, oft 20 vor einen Stein gekuppelt,
in schärfster Hitze durch den glühenden Sand, und dazu
nichts als 1 Pfund Brod, und ein kleines Maaß mit Oehl
und Weinessig. Dabei hätten die Aufseher auch nicht ge-   20
spaßt und wie einer niedergesunken aus Mattigkeit, hätten
sie darauf geschlagen bis er wieder munter. Da sei einmal
eines Tags, als einer der Aufseher grad frisch darauf ge-

Angehöriger
eines islam.
Bettelmönchs-
ordens

schlagen, ein Derwisch* in der Ferne vorüber gegangen; der
wäre, es ansehend, still gestanden, und ihn zu sich win-   25
kend, hätten sie an den Geberden gesehen, daß er ihm ins
Herz geredet, oft mit der Hand nach dem Himmel zeigend,
da hätte der Aufseher die Erde geküßt und dem Derwisch
die Hand, und als er wieder zu ihnen gekommen, sei er
ganz verändert gewesen, und 2 Wochen ganz mild. Alle   30
Jahr ein paarmal wäre der Dei auf einem Spazierritt bei
ihnen vorbei gekommen, und wie sie ihn auf ihren Knieen

venezianische
Goldmünze

um Gnade gebeten, habe er eine Hand voll Zechinen* aus-
geworfen welche sie gesammelt und dem Schwedischen
Consul gebracht hätten. Der hätte sie dann insgesammt an   35

gewissen Tagen losgekauft, und ihnen einmal satt und gut zu essen gegeben.

Ein Paar Jahre hielt der kräftige Körper Hermanns dieß Leben aus, als er aber einstmals einen Sack mit vielen Brodten tragend darunter niedergestürzt ist, dergestalt daß er mehrere Knochen im Rücken gebrochen, haben sie ihn in ein Loch geworfen da er dann so lang gelegen bis er heil gewesen, und weil er nicht verbunden, so ist er ganz krumm in einander gewachsen.

Doch hätte sie das Volk mit einigem Mitleiden betrachtet, ja als die Revolution gegen die Juden ausgebrochen und diese mit dem sie begünstigenden Dei alle ermordet wurden, hätten sie gedacht die Reihe würde nun an sie kommen und viele von ihnen hätten es wohl gewünscht, aber sie wären unberührt unter der wogenden Menge umher gegangen.

Oft hatte ihn, als er noch bei dem Vezir gewesen, dieser bereden wollen auch Renegat zu werden und ihm dann groß Glück und Ehre versprochen, er hat aber nicht gewollt.

Endlich als 1806 ⌈Hieronymus Bonaparte⌉ den Dei gezwungen die Christen-Sklaven frei zu geben, ist auch Hermann befreit worden, und an der italienischen Küste ausgesetzt, mit 8 Kronen beschenkt, ist er nach seiner Heimath gewandert.

Das war der Inhalt seiner Erzählung, die der Drost so nach und nach ihm abfrug. Zu Hause ging es ihm aber traurig, sein Bruder sah ihn nur ungern, arbeiten konnte er nur wenig, dabei klagte er über unausstehliche Kälte.

Während der Curzeit ging er oft nach dem Driburger Brunnen, bettelnd und wer sie hören wollte, seine Geschichte erzählend.

Im Spätherbst kam er noch einmal zu dem Drost H..n, und auf dessen Frage, da er nach erhaltenem Almosen noch stehen bleibt, »ob er noch was besonders wolle?« klagt er erst nochmals seine Noth und bittet zuletzt flehentlich ob ihn der Drost nicht könne ganz zu sich nehmen, er wolle ja gern all die kleine Arbeit eines Hausknechts thun; das schlug dieser ihm aber rund ab, aus dem unangenehmen Gefühl einen vorsetzlichen Mörder unter dem Dache zu haben.

Als zwei Tage darauf der Domherr ⌜Carl H..n⌝ früh auf die Jagd ging, kommt er über die Stoppeln an dem Pflüger Kerkhoff aus Bellersen vorbei, der ihm erzählt, sie hätten vor einer Stunde den Algierer im Kiel an einem Baum hangen gefunden. Da hat der Drost die Gemeindevorsteher zu sich kommen lassen und sie gebeten, dem Menschen, über dem ein ungeheueres Unglück am Himmel gestanden, nun auch ein ehrliches Begräbniß zu geben, und ihn nicht wie sonst Selbstmördern geschieht in der Dachtraufe oder hinter der Kirchhofs-Mauer einzuscharren, welches sie auch versprochen und gehalten haben.

Erst nach 8 Tagen führten die einzelnen Fäden über seine letzte Geschichte und seinen Tod zu einem Knoten, der wie sein Schicksal selbst, das ihn überall an den unsichtbaren Fäden hielt, in seinem Tod gelößt ward.

Spät Abends an dem Tage als er von dem Droste jene abschlägige Antwort erhalten, pocht er in Holzhausen, 2 Stunden weiter, heftig an die Thüre des ersten Hauses am Wege rechts, und als ihm aufgemacht und er gefragt wird, was er wolle, stürzt er leichenblaß und in furchtbarer Angst ins Haus, und bittet um Gottes und aller Heiligen Willen, ihn die Nacht bei sich zu behalten; und auf die Frage, was ihm denn in aller Welt wiederfahren, erzählt er, wie er übers Holz gekommen habe ihn eine große lange Frau eingeholt und ihn gezwungen ein schweres Bund Dörner zu tragen und ihn angetrieben wenn er still gestanden, da hätten sich die Dörner ihm alle ins Fleisch gedrückt, und er hätte an zu laufen gefangen, und sei so keuchend in großer Angst vor's Dorf gekommen, da sei die Frau fort gewesen, und sie möchten ihn nur die Nacht behalten, er wolle den andern Tag wieder nach Hause. Früh fortgegangen, ist er gegen Mittag auf die Glaserhütte zur Emde gekommen, wo er oft Almosen erhalten, und hat um ein Glas Branntewein gebeten, und als er getrunken, um noch eins, da ist ihm auch das dritte gegeben worden, worauf er gesagt, nun wolle er nach Hause. Wie er aber an den Kiel gekommen, nicht weit von der Stelle, wo er vor 24 Jahren die Schuhe zur Wallfahrt ausgezogen, da hat er eine Leine von einem nahen Pflug genommen, und sich damit an einen Baum gehenkt und zwar so niedrig, daß er mit den Füßen das Herbstlaub unter sich weggescharret hat.

Als ihm einst der Drost die Geschichte mit dem Baum und den Zeichen die die Juden darein geschnitten erzählt, und wie sie bedeuteten, daß er keines rechten Todes sterben solle, hat er geantwortet: ⌜O dat sull ek doch nich denken, ek häwwe doch so lange davör Buße daen un häwwe vaste an minen Gloven halen, asse se meck överreen wullen, en abtoschwören.⌝

So hat der Mensch 17 Jahre ungebeugt und ohne Verzweifelung die härteste Sklaverei des Leibes und Geistes ertragen, aber die Freiheit und volle Straflosigkeit hat er nicht ertragen dürfen. Er mußte sein Schicksal erfüllen, und weil Blut für Blut, Leben für Leben eingesetzt ist, ihn aber menschliches Gesetz nicht mehr erreichte, hat er, nachdem er lange Jahre fern umher geschweift, wieder durch des Geschicks geheimnißvolle Gewalt zu dem Kreis, Ort und Boden des Verbrechens zurückgebannt, dort *sich selbst* Gerechtigkeit geübt.

Zwei Jahre nach seinem Tode ist jener Baum, worein die Juden ihre dunklen Zeichen geschnitten, umgehauen worden. Die Rinde aber hatte diese in den langen Jahren herausgewachsen, daß man ihre Form und Gestaltung nicht mehr erkennen konnte.

Kommentar

1. Zeittafel

1797   Am 12. Januar wird Anna Elisabeth (Annette) Freiin Droste zu Hülshoff auf dem Wasserschloss Hülshoff bei Münster in Westfalen geboren. Beide Eltern, der Vater Clemens August Freiherr Droste zu Hülshoff (1760–1826) wie die Mutter Therese Luise, geb. Freiin von Haxthausen (1772–1853), entstammen alten westfälischen Adelsgeschlechtern.

    Elementarunterricht durch die Mutter sowie Hauslehrer. In den folgenden Jahren erwirbt ADH gründliche Kenntnisse in Latein, Französisch, Naturkunde, Mathematik und Musik.

1804   Früheste erhaltene Verse. Die Mutter zeichnet bis 1808 etwa 20 Gedichte auf.

1805   Erste Reise zu den Großeltern Haxthausen nach Bökendorf bei Brakel.

1812   Bekanntschaft mit dem Autor und Professor für Rechtsgeschichte Anton Matthias Sprickmann (1749–1833) in Münster, dem wichtigsten literarischen Förderer der ADH in den ersten Jahren.

1813   Bekanntschaft mit der Schriftstellerin Catharina Elisabeth Busch (1791–1831), später Schücking, die 1814 ihren Sohn Levin Schücking zur Welt bringt.

    Entstehung des Dramenfragments *Bertha*.

    Im Sommer erneut in Bökendorf. Bekanntschaft mit Wilhelm Grimm (1786–1859), der mit Werner (1780–1842) und August von Haxthausen (1792–1866), den Onkeln der ADH, befreundet ist. Teilnahme an Grimms Sammlungen von Märchen und Volksliedern.

1815   Erste schwere Erkrankung und Depressionen. Zeitlebens bleibt ADH von den verschiedensten, wohl auch psychosomatischen Krankheiten geplagt.

1817   Beginn der Freundschaft mit Wilhelmine von Thielmann (1772–1842).

1818   Arbeit am Versepos *Walther*. Im Sommer in Bökendorf. Reise nach Kassel und Bekanntschaft mit Amalie

Hassenpflug (1800–1871) sowie Jacob (1785–1863) und Ludwig Grimm (1790–1863).

1818–20 Aufenthalte in Bökendorf, Abbenburg und Bad Driburg. Beginn der Arbeit am *Geistlichen Jahr*, das Gedichte für die Stiefgroßmutter Haxthausen enthält.

1820 Ende der Liebesbeziehung zu dem Rechtsstudenten Heinrich Straube (1794–1847), offenbar aufgrund einer Familienintrige. Ernste psychische und physische Krise, danach deutliche Abkühlung der Beziehungen nach Bökendorf.
Ende 1820 Beginn der Arbeit an der Fragment gebliebenen Erzählung *Ledwina*.

1825/26 Reise an den Rhein aus gesundheitlichen Gründen. Bekanntschaft mit den Bonner Professoren August Wilhelm Schlegel (1767–1845), Josef Ennemoser und Eduard d'Alton. Freundschaft mit Sibylle Mertens-Schaafhausen (1797–1857).

1826 Nach dem Tod des Vaters Übersiedelung auf den Witwensitz der Mutter, Haus Rüschhaus bei Münster.

1828 Zweite Rheinreise. Arbeit an dem Versepos *Das Hospiz auf dem großen St. Bernhard*.

1830/31 Herbst bis Frühjahr: neuerliche Reise an den Rhein. Freundschaft mit Johanna (1766–1838) und besonders Adele Schopenhauer (1797–1849). Nach der Rückkehr ins Rüschhaus erste Begegnung mit Levin Schücking (1814–1883).

1834 Beginn der Freundschaft mit dem blinden Philosophieprofessor, Übersetzer und Philologen Christoph Bernhard Schlüter (1801–1884), der für ADH zu einem wichtigen literarischen Berater wird.
Abschluss der Arbeit am *Hospiz auf dem großen St. Bernhard* sowie an dem Versepos *Des Arztes Vermächtnis*.

1835 Reise über Bonn nach Eppishausen in der Schweiz zur älteren Schwester Jenny (1795–1859), die 1834 den Sammler und Germanisten Joseph von Laßberg (1770–1855) geheiratet hatte.

1836 September: Rückreise mit mehrmonatigem Aufenthalt in Bonn.

1837	Ab Februar wieder im Rüschhaus. Im August erste briefliche Erwähnung der *Judenbuche*. Arbeit am Versepos *Die Schlacht im Loener Bruch*.
1838	Erste Buchveröffentlichung: *Gedichte von Annette Elisabeth v. D…H…* im Verlag Aschendorff in Münster. Die Ausgabe wird ein Misserfolg.
1839	Freundschaft mit Levin Schücking, der zur wesentlichen literarischen Bezugsperson des folgenden Jahrzehnts wird. Bekanntschaft mit Elise Rüdiger (1812–1899), die das Zentrum eines literarischen Kreises in Münster ist.
1840	Abschluss der Arbeit am 2. Teil des *Geistlichen Jahrs*. Rüschhauser Balladen. Mitarbeit am *Malerischen und romantischen Westphalen* von Ferdinand Freiligrath (1810–1876) und Levin Schücking. Abschluss des einaktigen Lustspiels *Perdu!*
1841	September: erste Reise nach Meersburg am Bodensee, wo Laßberg die alte Burg erworben hat und Schücking als seinen Bibliothekar beschäftigt. Beginn der großen Lyrikproduktion, darunter die *Heidebilder*.
1842	Im April verlässt Schücking die Meersburg. ADH bleibt dort bis in den Sommer und kehrt nach einem Bonn-Aufenthalt im August ins Rüschhaus zurück. Zwischen dem 22.4. und dem 10.5. erscheint die *Judenbuche* in Cottas *Morgenblatt für gebildete Leser*.
1843	September: zweite Reise nach Meersburg. Im Oktober heiratet Schücking Louise von Gall (1815–1855). Im November erwirbt ADH das »Fürstenhäuschen« oberhalb von Meersburg.
1844	Mai: Besuch des Ehepaars Schücking auf der Meersburg und Abkühlung der Beziehungen. Veröffentlichung von Gedichten in Cottas *Morgenblatt*. Im Herbst erscheint die Gesamtausgabe der *Gedichte* bei Cotta. September: Rückkehr ins Rüschhaus.
1845	Erscheinen der *Westphälischen Schilderungen*.
1846	Bruch mit Schücking und schwere Erkrankung mit Fieber- und Erstickungsanfällen, Kopf- und Augen-

schmerzen. Im September dritte Reise nach Meersburg.

1847   21. Juli: Abfassung des Testaments.

1848   24. Mai Tod durch Herzschlag nach einem heftigen Bluthusten. Beisetzung auf dem Meersburger Friedhof.

1851   Veröffentlichung des von Schlüter herausgegebenen *Geistlichen Jahrs.*

1860   Veröffentlichung von *Letzte Gaben. Nachgelassene Blätter von Annette Freiin von Droste-Hülshoff*, herausgegeben von Levin Schücking und Jenny von Laßberg (1795–1859). Der Band enthält Gedichte aus dem Nachlass und den ersten zusammenhängenden Druck der *Judenbuche.*

1862   Erste Biographie Droste-Hülshoffs aus der Feder von Levin Schücking: *Annette von Droste. Ein Lebensbild.*

1878/79 *Gesammelte Schriften von Annette Freiin von Droste-Hülshoff* in drei Bänden, herausgegeben von Levin Schücking bei Cotta.

2. Stoff, Entstehungsgeschichte und Rezeption

2.1 Stoff und Hintergründe

Die Judenbuche der Annette von Droste-Hülshoff verarbeitet einen historischen Kriminalfall und verbindet ihn mit weiteren lokalhistorischen Geschehnissen. Schauplatz ist der Nethegau zwischen Bad Driburg und Höxter in Westfalen und insbesondere die Gegend zwischen den Dörfern Bellersen (im Text »B.«), Bredenborn (»Brede«), Vörden und Ovenhausen. Zum Zeitpunkt der Erzählung gehörte dieser Landstrich zum Fürstbistum (Hochstift) Paderborn, das 1802 säkularisiert und 1815 dem Königreich Preußen angegliedert wurde. In dieser Gegend lagen die Besitzungen der Freiherren von Haxthausen, die als Grundherren auch die niedere Gerichtsbarkeit ausübten. Mit den Haxthausens war Annette von Droste-Hülshoff über ihre Mutter, Therese Luise von Haxthausen, verwandt. In den Jahren 1805, 1813, 1818 und 1819/20 hielt sie sich jeweils längere Zeit auf Haus Bökerhof bei Bökendorf auf, dem Sitz ihres Großvaters Werner Adolf von Haxthausen (1744–1823). Sie kam dort schon als Kind mit jenen Ereignissen in Berührung, die sie später literarisch verarbeiten sollte. Zwei Bereiche sind hier besonders hervorzuheben.

Schauplatz

2.1.1 Rechtsunsicherheit und ›Holzfrevel‹

Den Geschehnissen im ersten Teil der Erzählung, der mit der Schilderung der rechtlichen und mentalen Verhältnisse im Fürstbistum Paderborn beginnt und in der Ermordung des Försters Brandis kulminiert, liegen jahrhundertelange Streitigkeiten zwischen der Familie von Haxthausen und der Gemeinde Bredenborn um die Rechte der Waldnutzung zu Grunde (Moritz 1980, S. 24ff., 159ff.; Huge in: HKA V.2, S. 229ff.). Sie gründeten in völlig verschiedenen Rechtsauslegungen. Die adeligen Grundherren betrachteten den Wald als Privateigentum, wogegen die Landbevölkerung der Auffassung anhing, dieses sei durch eine schleichende widerrechtliche Aneignung von Gemeindebesitz zu

rechtliche und mentale Verhältnisse

Stande gekommen: Wald und Wild gehörten der Dorfgemeinde und nicht einem einzelnen Herrn. Ein gerichtlicher Rezess (Vergleich) von 1553, der den Bauern u. a. ein eingeschränktes Recht auf Versorgung mit Feuer- und Bauholz auch aus den Privatwaldungen der Haxthausens zusprach, war so unscharf formuliert, dass er Spielraum für einige weitere Prozesse gab und mehrfach ergänzt werden musste. Erst 1848 kam es zu einer Einigung der beiden Parteien. In der Zwischenzeit kollidierten unvermindert die abweichenden Vorstellungen von der Auslegung des Rezesses. Was von den Dorfbewohnern als Anwendung alter Rechte aufgefasst wurde, sah die Grundherrschaft als puren Holzdiebstahl an. Für den Schutz der Wälder waren die Förster zuständig, auf die sich daher der Hass der Bauern richtete. Im 18. und frühen 19. Jh. entwickelten sich die ›Holzfrevel‹ in großem Stil, bewirkten erhebliche Schäden, und die Auseinandersetzungen nahmen den Charakter regelrechter Bandenkriege an. Tätliche Übergriffe auf die Förster, die in ihren Methoden offenbar auch nicht immer zimperlich waren, standen auf der Tagesordnung. Ausführlich geht Annette von Droste-Hülshoff auf diese Situation auch in ihren *Westphälischen Schilderungen* ein (SW 2, S. 76f.). So sehr sie grundsätzlich dazu neigt, die Rechtsvorstellungen ihrer Standesgenossen zu teilen, so sehr räumt sie auch deren Mitschuld an der Eskalation des Konflikts ein: »Zu jener Zeit stand den Gutsbesitzern die niedere Gerichtsbarkeit zu, und wurde mitunter streng gehandhabt, wobei sich, wie es zu gehen pflegt, der Untergebene mit der Härte des Herrn, der Herr mit der Böswilligkeit des Untergebenen entschuldigte, und in dieser Wechselwirkung das Übel sich fortwährend steigerte« (ebd., S. 85).

2.1.2 Der Mordfall Soistmann Berend

historischer Hintergrund Der zweite Teil der *Judenbuche* verarbeitet gleichfalls historische Ereignisse, die sich auf den Besitzungen der Freiherren von Haxthausen abspielten. Mitte Februar 1783 wurde der jüdische Händler Soistmann Berend aus Ovenhausen erschlagen aufgefunden (Krus 1990). Unmittelbar vorausgegangen war ein Prozess Berends gegen Hermann Georg Winckelhan (auch Winkelhagen oder volkstümlich Winkelhannes – bei der Schreibung von Eigennamen gab es damals noch eine beträchtliche Variationsbreite). Winckelhan, 1764 in Bellersen geboren, war zu diesem Zeitpunkt Knecht in Ovenhausen und musste sich wegen einer ausstehenden Zahlung für ein von Berend geliefertes Kleidungsstück verantworten. Das Gericht unter dem Gerichtsherrn Caspar Moritz von Haxthausen, dem Urgroßvater der Annette von Droste-Hülshoff, entschied gegen Winckelhan, auf den nach dem offenbar kurz darauf begangenen Mord an dem Händler der Verdacht fiel. Der mutmaßliche Täter entzog sich der Verhaftung jedoch durch die Flucht und kehrte erst 1806 nach Bellersen zurück. Die Tat wurde nicht weiter verfolgt, ihr Hergang nie völlig geklärt. Im September desselben Jahres erhängte sich Winckelhan an einem Baum.

Mit der literarischen Verarbeitung dieser Ereignisse ist auch das zweite Mordopfer in der *Judenbuche* ein Außenseiter der ländlichen Gesellschaft, freilich in einem anderen Sinne als der Förster Brandis. Die Zuwanderung von Juden ins Hochstift Paderborn erfolgte in größerem Maßstab erst in der frühen Neuzeit (Moritz 1980, S. 35ff.). Da sie keinen Zugang zu den Gilden und Zünften hatten, wurden sie mehr oder weniger in die Bereiche Handel und Geldverleih, der den Christen untersagt war, abgedrängt. Unter den Handwerken war ihnen lediglich die Metzgerei erlaubt, da die jüdischen Speisevorschriften rituelle Schlachtungen voraussetzten. Die Juden mussten nicht zuletzt darum auf Gewinn bedacht sein, weil sie eine Vielzahl von Abgaben zu leisten hatten, die ihnen für den landesherrlichen Schutz- und Geleitbrief abverlangt wurden. Mit diesem wurden sie zu sog. ›Schutzjuden‹, die die Erlaubnis zur Niederlassung und zur Ausübung eines Gewerbes unter bestimmten Bedingungen hatten. Insgesamt jedoch war ihre rechtliche und v. a. soziale Lage labil. Sie konnten das Bürgerrecht nicht erwerben und wurden in vielen Lebensbereichen durch Rechtsvorschriften von der christlichen Bevölkerung getrennt. Durch den Ausschluss von den Zünften und Gilden waren sie allerdings auch deren Beschränkungen nicht unterworfen und konnten weitaus effizienter wirtschaften, sodass es seit dem Dreißigjährigen Krieg zu einem ökonomischen Aufstieg der Juden im Fürstbistum kam.

Stellung der Juden

Auf dem Land verdienten sie sich ihren Lebensunterhalt häufig als wandernde Händler mit vielfältigen Trödel- und Hökerwaren. Mehr noch als in den Städten wurden sie hier von der rein katholischen und rückständigen Bevölkerung misstrauisch und feindselig als Fremdlinge angesehen. Der alltägliche Antisemitismus kommt in der *Judenbuche* mehrfach zum Ausdruck, etwa wenn dort die Meinung wiedergegeben wird, die Juden seien »alle Schelme« und Betrüger (S. 16,27), die man ruhig durchprügeln dürfe, oder wenn die Hochzeitsgesellschaft den Juden Aaron durch Aufwiegen »gegen ein Schwein« demütigen will (S. 45,15). Die Anmahnung berechtigter Forderungen wurde häufig mit Gewalt beantwortet.

Die Geschichte vom Mord an Soistmann Berend war Annette von Droste-Hülshoff seit ihrer Kindheit aus Erzählungen ihrer Familie bekannt. Bei ihrem Bökendorfer Aufenthalt im Jahre 1818 kam sie vermutlich erneut damit in Berührung, denn in

A. v.
Haxthausens
*Geschichte
eines Algierer-
Sklaven*

diesem Jahr veröffentlichte August von Haxthausen (1792–1866), der Halbbruder ihrer Mutter, seine Version der Geschehnisse unter dem Titel *Geschichte eines Algierer-Sklaven* in der Göttinger Zeitschrift *Die Wünschelruthe. Ein Zeitblatt*, die von H. Straube und J. P. von Hornthal herausgegeben wurde und der Romantik nahe stand (Nummern 11–15, 5.–19. Februar 1818). 1839, in einem fortgeschrittenen Stadium der Arbeit an der *Judenbuche*, hat Droste-Hülshoff Haxthausens *Geschichte* ein weiteres Mal gelesen. Doch scheint diese neben der mündlichen Tradition nicht ihre einzige Quelle geblieben zu sein. Verschiedene Details deuten darauf hin, dass sie seit etwa 1838 für ihre Erzählung eigene Nachforschungen angestellt hat, etwa in Kirchenbüchern.

Haxthausens Darstellung ist für viele Einzelheiten des historischen Falls die einzige Quelle. Sie basiert auf mündlichen Überlieferungen sowie vermutlich, zumindest teilweise, auf heute nicht mehr vorhandenen Akten und nimmt in Anspruch, »wörtlich wahr« zu sein (S. 67,31). Auch Droste-Hülshoff betrachtete den Text ihres Onkels als einen »Auszug aus den Ackten« (an Ch. B. Schlüter, 22.8.1839). Die neuere Forschung hat demgegenüber Aspekte einer Literarisierung und Fiktionalisierung in Haxthausens Text nachgewiesen und damit dessen frühere Einschätzung als sachlich zuverlässigen Tatsachenbericht erschüttert (Werner 1979, Krus 1990). Das gilt v. a. für die in Algerien spielenden Passagen, aber auch die Echtheit des eingerückten Briefs von Winkelhannes an den Fürstbischof von Paderborn ist zweifelhaft. Zudem weist Haxthausens Text eine Reihe sachlicher Unstimmigkeiten auf. Erschwerend für die Einschätzung der Faktenlage kommt hinzu, dass eine von Haxthausen selbst vorgenommene spätere Abschrift von dem gedruckten Text in mehreren Punkten abweicht (Rölleke 1970, S. 87–104). Viele der noch offenen historischen Fragen werden wohl auch weiterhin im Dunklen bleiben.

2.2 Die Entstehung der *Judenbuche*

Erstmals erwähnt Droste-Hülshoff ihre noch unvollendete Erzählung in einem Brief vom 4. August 1837, doch dürften die frühesten Notizen zur Geschichte der Morde an einem Förster und an einem Juden bereits Anfang der Zwanzigerjahre entstanden sein – sie tragen die Bezeichnung a^1 in der 1925 erschienenen ersten kritischen Ausgabe von K. Schulte-Kemminghausen, in Walter Huges historisch-kritischer Ausgabe von 1984 heißen sie H^1 (HKA V.2, S. 191ff., 201ff.; Rölleke 1970, S. 114ff.). Die weitere Arbeit ist langwierig und offensichtlich mühsam gewesen. Ein erster ausgeführter Entwurf unter dem Titel *Friedrich Mergel, eine Criminalgeschichte des 18ten Jahrhunderts* (H^2 bzw. a) ist möglicherweise gleichfalls noch in die Zwanzigerjahre zu datieren, doch besteht darüber keine Sicherheit. Er enthält nach einer längeren Einleitung zu Land und Leuten den ersten Teil der Geschichte von Friedrich Mergel bis kurz vor dem Förstermord und ist etwa ebenso lang wie die gesamte spätere Druckfassung. Abgesehen von einigen Notizen aus der ersten Hälfte der Dreißigerjahre, scheint Droste-Hülshoff mit der Arbeit an einer Fortsetzung des Entwurfs H^2 erst am Ende dieses Jahrzehnts begonnen zu haben. Die Notizen H^6 (3a) und der auf ihnen fußende skizzenartige Entwurf H^7 (c), der die Erzählung von Mergels Heimkehr nach der Irreleitung des Försters bis zum Ende, dem Selbstmord, fortführt, lassen sich chronologisch

erster Entwurf der Erzählung

durch den Zeitpunkt der neuerlichen Lektüre von Haxthausens *Geschichte eines Algierer-Sklaven* trennen, von der Droste-Hülshoff in einem Brief vom 24. August 1839 spricht. Gleichfalls Ende des Jahres 1839 fasst sie in einer neuerlichen, stark straffenden und konzentrierenden Überarbeitung die Vorstufen H^2 und H^7 im Entwurf H^8 (b) zusammen, der nun erstmals die ganze Erzählung enthält. Mit einem Brief vom 14. Januar 1840 lässt sich die vorläufige Fertigstellung der Erzählung datieren.

Überarbeitung der Erzählung

Der Arbeitsprozess an der *Judenbuche* steht mit einem weiteren Projekt in Zusammenhang. In einem Brief vom 13. Dezember 1838 erzählt Droste-Hülshoff ihrem Freund Schlüter von dem sehr zeittypischen Plan eines Buchs über Westfalen, das »den Zustand unseres Vaterlandes, wie ich ihn noch in frühester Jugend gekannt, und die Sitten und Eigentümlichkeiten seiner Bewohner« in einer losen Folge von Betrachtungen oder Erzählungen schildern sollte. Geplant werden in der Folge Teile über »die drei hervorstechendsten Provinzen Westfalens« (Münsterland, Sauerland, Paderborn). Diesem Projekt verdankt sich wohl der Impuls zur Fertigstellung der *Judenbuche*. Denn in ihm sollte nun auch, und zwar zur Illustration des Paderborner Volkscharakters, die »Erzählung von dem erschlagenen Juden« ihren Ort finden, wie Droste-Hülshoff am 23. März 1841 gleichfalls an Schlüter schreibt. Das Westfalenwerk ist freilich in der geplanten Form nicht zustande gekommen. Ein längeres Fragment des Teils, der das Münsterland behandelte, wurde erst nach dem Tod der Dichterin unter dem Titel *Bei uns zu Lande auf dem Lande* veröffentlicht, der für das ganze Westfalenwerk vorgesehen war. Auf Bitten des Freundes Levin Schücking, der in den frühen Vierzigerjahren einen Sammelbeitrag über Westfalen für das von Ludwig Amandus Bauer (1803–1846) geplante Werk *Deutschland im 19. Jahrhundert* konzipierte, fertigte Droste-Hülshoff überdies eine Art topographischer und ethnographischer Kurzfassung ihres Projekts an, die, da Bauers und Schückings Pläne sich zerschlugen, 1845 unter dem Titel *Westphälische Schilderungen aus einer westphälischen Feder* anderweitig veröffentlicht wurde. Für die Entstehungsgeschichte der *Judenbuche* ist dieser Text von Bedeutung, weil er etliche Berührungen mit der später gestrichenen bzw. gänzlich neu konzipierten Einleitung des Entwurfs H² und mit der Druckfassung der *Juden-buche* aufweist.

Gleichfalls auf Veranlassung Schückings entschloss sich Droste-Hülshoff im Frühjahr 1842 zu einem Vorabdruck der *Judenbu-che* außerhalb des Westfalenprojekts. Die heute nicht mehr er-haltene Druckvorlage basierte auf dem Entwurf H⁸, der noch einmal überarbeitet wurde. In der Zeit vom 22. April bis zum 10. Mai 1842 erfolgte in 16 Fortsetzungen die Veröffentlichung in dem bei Cotta in Stuttgart erscheinenden *Morgenblatt für gebildete Leser*. Die von Droste-Hülshoff selbst vorgeschlagene Überschrift *Ein Sittengemälde aus dem gebirgichten Westphalen* markierte den Zusammenhang mit dem Westfalenbuch, als des-sen Teil sie die Erzählung nach wie vor betrachtete, wurde aber in die zweite Zeile verwiesen: Der heute geläufige Titel *Die Ju-denbuche* stammt von dem auf Publikumswirksamkeit bedach-ten Redakteur Hermann Hauff (1800–1865), fand jedoch die Billigung der Autorin.

Erstdruck der *Judenbuche*

Titel der Erzählung

2.3 Textgeschichte und Rezeption

Nach der höchst mäßigen Resonanz auf die erste große Publi-kation der Annette von Droste-Hülshoff, die Gedichtausgabe von 1838, stellt *Die Judenbuche* zwar keineswegs einen litera-rischen Durchbruch, aber immerhin einen bescheidenen Erfolg dar. Erst jetzt, sechs Jahre vor ihrem Tod, wird die mittlerweile 45-Jährige, in ihrer Produktion und Publikationstätigkeit von vielfältigen Rücksichten auf ihre adelig-konservative Familie ge-hemmte Autorin als eine ernst zu nehmende Erscheinung der literarischen Öffentlichkeit anerkannt, freilich zunächst noch in einem vergleichsweise engen Kreis. Es ist nur eine Rezension des Erstdrucks nachweisbar, und der wachsende Ruf Droste-Hüls-hoffs lässt sich v. a. an den Urteilen anderer Literaten ablesen (Huge in: HKA V.2, S. 209ff.; Rölleke 1970, S. 187ff.). Für eine größere Bekanntheit der Erzählung in Westfalen sorgte im Juni und Juli 1842 ein weiterer, offenbar nicht autorisierter Abdruck der *Judenbuche* im *Westfälischen Anzeiger*. In einem Brief vom 17. November 1842 an Schücking kann Droste-Hülshoff daher berichten, die Erzählung habe »endlich auch *hier* das Eis gebrochen, und meine sämmtlichen Gegner zum Uebertritt bewogen, so daß ich des Andrängens fast keinen Rath weiß«. Aufgrund der Kurzlebigkeit der Zeitschriftenpublikationen wurde die *Judenbuche* jedoch bald schon wieder vergessen. Eine breite und kontinuierliche Wirkung ermöglichten erst spätere Drucke der Erzählung: zum einen in der von Levin Schücking 1860 herausgegebenen Werkausgabe *Letzte Gaben. Nachgelassene Blätter von Annette Freiin von Droste-Hülshoff*, zum anderen – und v. a. – in dem populären vielbändigen *Deutschen Novellenschatz*, der von Paul Heyse (1830–1914) und Hermann Kurz (1813–1873) veröffentlicht wurde (Serie 4, Bd. 6, München 1876), schließlich in den ersten Gesamtausgaben der Droste'schen Werke durch Schücking (1878/79) sowie Wilhelm Kreiten (1884–87).

Kanonisierung der Erzählung

Im Gefolge dieser Veröffentlichungen kam es zu einer breiteren Rezeption und schließlich zur Kanonisierung der Erzählung (Woesler 1980; Moritz 1980, S. 107ff.). Diese Wirkung zu ermöglichen, haben zwei epochale literarische Erscheinungen beigetragen, denen man die *Judenbuche* zurechnen konnte: einerseits die Konjunktur der Gattung der Dorfgeschichte, die mit den Namen Karl Immermann (1796–1840), Jeremias Gotthelf (1797–1854) und Berthold Auerbach (1812–1882) verbunden ist, andererseits die Durchsetzung der verschiedenen Strömungen des Realismus. Infolgedessen sind es nicht zuletzt Vertreter

Realismus

dieser Richtung, wie etwa Julian Schmidt (1818–1886), Hermann Marggraff (1809–1864), Paul Heyse, Theodor Fontane (1819–1898), Iwan Turgenjew (1818–1883) u. a., die sich in Rezensionen und sonstigen Äußerungen mit der Erzählung auseinandersetzen (Moritz 1980, S. 110ff.). Gelobt werden dabei die ›realistische‹ Darstellung, die Beobachtungsschärfe also, die Detailgenauigkeit, die psychologische Wahrheit und die Dichte der Milieuschilderung, doch wird fast durchwegs auch der Abstand der *Judenbuche* vom poetischen Realismus markiert. Schon Julian Schmidt, einer der einflussreichsten Literarhistoriker und Publizisten des Realismus, bemängelt nicht nur die Komposition und die Unklarheiten des Textes, sondern auch das Überwiegen des »Prosaischen«, dem die »poetische Verklärung« fehle – eine zentrale Kategorie des deutschen Realismus.

Der wichtigste Faktor der frühen Droste-Rezeption ist jedoch der ›Kulturkampf‹ des preußischen Staats gegen die katholische Kirche (1871–1887), in dessen Verlauf Droste-Hülshoff zur katholischen Volksschriftstellerin stilisiert wurde (Woesler 1980, S. 1185ff.; Schneider 1977/95, S. 152ff.). Überhaupt ist zu bemerken, dass die Droste-Rezeption des 19. Jh. häufig nicht primär unter ästhetischen, sondern unter weltanschaulichen Gesichtspunkten erfolgte, die auf ideologische Vereinnahmung zielten. Im Zusammenhang des Kulturkampfs konnte die Werkausgabe des Jesuiten Wilhelm Kreiten als katholische Konkurrenzveranstaltung zu der Edition des Liberalen Schücking angesehen werden. Die massive katholische Vereinnahmung und die Auseinandersetzung mit ihr haben dabei so nachhaltig zur Popularität Droste-Hülshoffs beigetragen, dass deren Stellung in der literarischen Öffentlichkeit auch nach dem Ende des Kulturkampfs als gesichert gelten konnte. Freilich hat sich die katholische Rezeptionsvorgabe als zählebig erwiesen und die Sicht der *Judenbuche* noch lange beeinflusst.

Stilisierung zur kath. Volksschriftstellerin

Die Aufnahme der Erzählung in den literarischen Kanon lässt sich v. a. an ihrem allmählichen Auftauchen in den Literaturgeschichten seit dem 19. Jh. verfolgen (Moritz 1980, S. 116). Prägt der Literarhistoriker Heinrich Keiter in einem *Lebensbild* von 1890 den unendlich oft nachgesprochenen Ausdruck, Droste-Hülshoff sei »Deutschlands größte Dichterin«, so steht die *Judenbuche* doch zunächst noch ganz im Schatten des lyrischen und epischen Werks. Erst gegen Ende des Jahrhunderts setzt sich hier allmählich die Anerkennung der literarischen Bedeutung der Erzählung durch. Mit der Behandlung der *Judenbuche* im Deutschunterricht der Gymnasien seit Mitte der Zwanzigerjahre ist die Kanonisierung definitiv geworden – auch hier war die Lyrik vorangegangen. Eine Unterbrechung dieser schulischen Verwendung ist für die Zeit des Nationalsozialismus zu verzeichnen: Zu deutlich verweigerte sich die Erzählung den Versuchen, sie zum antisemitischen Paradefall zu machen.

Im Wechselverhältnis mit ihrer zunehmenden Wertschätzung hat die *Judenbuche* eine überaus starke Verbreitung gefunden. Seit ihrem erstmaligen Erscheinen als Einzelausgabe im Jahr 1882 sind weit über hundert andere Einzeleditionen auf den

Markt gekommen. Allein die Reclam-Ausgabe des Textes wurde zwischen 1884 und 1968 in über fünf Millionen Exemplaren verkauft (Rölleke 1970, S. 239). Übersetzungen der *Judenbuche* liegen in englischer, niederländischer, dänischer, norwegischer, französischer, italienischer, polnischer, ungarischer und japanischer Sprache vor. Einen schlagenden Beleg für die Bekanntheit der *Judenbuche* und ihrer Autorin bietet das Faktum, dass die 20-DM-Noten auf ihrer Vorderseite von einem Porträt der Annette von Droste-Hülshoff geziert werden und auf der Rückseite das stilisierte Bild der Judenbuche zeigen.

3. Forschungsüberblick

Die Judenbuche gehört zu den meistinterpretierten Texten des 19. Jh. Überschaut man die reichhaltige und vielfältige literaturwissenschaftliche Forschung zu dieser Erzählung, so stellt sich leicht der Eindruck des Disparaten ein, so unterschiedlich, ja widersprüchlich sind die Deutungsansätze, die vorgeschlagen worden sind. Gleichwohl lassen sich einige durchgängige Interpretationsmuster beobachten, die man immer neu variiert hat. Die wichtigsten sollen im Folgenden skizziert werden.

3.1 Metaphysische Deutungen

Es sind v. a. das prologartige Gedicht, die Thematik von Schuld und Strafe, die zahlreichen Bibelzitate, die gespenstischen Elemente und insbesondere der hebräische Spruch und seine Erfüllung am Ende der Erzählung, die Anlass zu den verschiedensten interpretatorischen Rückgriffen auf übernatürliche Mächte gaben. Der argumentative Grundbestand zahlreicher späterer Untersuchungen findet sich bereits in Emil Staigers traditionsbildender Dissertation von 1933, in der mit scharfen Zügen die metaphysische Dimension der *Judenbuche* betont wird. Der Mörder Friedrich Mergel sei nicht als ein »folgerichtiger Charakter« zu begreifen, denn die Vorstellung einer »Gesetzlichkeit im Psychischen« widerspreche dem in der Erzählung zum Ausdruck kommenden »Weltbild« (S. 59). Auch gehe es »der Droste keineswegs darum, naturalistisch die Umwelt für etwas wie eine sittliche Basis des Einzelnen verantwortlich zu machen. Sie sieht das Böse in anderen Zusammenhängen, als Frucht der tiefer verankerten Sünde, einer Urkonstitution des Menschen« (S. 53). Von der »Erbsünde« bestimmt, schließe Friedrich eine Art »Pakt mit dem Bösen«, wobei sein Onkel Simon der »Mittler zwischen dem Reich des Verdammten und der vordergründigen Welt« sei (S. 54ff.). Die »ungesühnte Schuld« suche ihn am Ende als »Angst des Gewissens« heim und treibe ihn zum Selbstmord, der eine »klare, gerechte Situation herstelle« (S. 57f.). Dieser Schluss

E. Staiger

sei »durch und durch alttestamentlich«, an der »christlichen Gnade« habe Friedrich keinen Anteil. »Denn in der Welt der Droste, die das Böse mächtig aber unfassbar durchherrscht, musste zuerst der eifernde und rächende Jehova Gewissheit schaffen, bevor die Freiheit des Neuen Testaments anbrechen konnte« (S. 58f.).

Trotz früher Kritik an Staigers »Überbetonung« der Metaphysik etwa bei Ernst Feise (1943, S. 401) wurde diese Deutungslinie bis in die jüngste Vergangenheit fortgeschrieben. Die Geschichte Friedrich Mergels erscheint dabei als exemplarisch »für den Sündenweg des Menschen«, wie Ronald Schneider formuliert (1976, S. 274). In Anlehnung an Staiger hat v. a. Heinz Rölleke in mehreren Arbeiten die »theologische Dimension« der Erzählung weiter akzentuiert, die er mit Friedrich Gundolf (1931, S. 214) als ein »erzähltes Mysterium« begreift. Die dargestellte Realität sei aufgehoben »in den und im Bereich des Transzendenten« (1968, S. 423). Die Erbsünde, deren Wirken Friedrich demonstriere, wird dabei im Sinne der superbia konkretisiert, der »ersten der Sieben Hauptsünden« (S. 423). Am Ende versuche Friedrich wieder »in die christliche Gemeinschaft zu finden« (S. 417), doch werde ihm die Gnade vom alttestamentlichen »Racheanspruch Jehovas« verweigert (S. 421). Den bei Rölleke und Schneider wie schon bei Staiger eher verwischten Konflikt zwischen dieser Lesart des Schlusses und dem vielbeschworenen christlichen Weltbild Droste-Hülshoffs versucht Wolfgang Wittkowski (1986/87) aufzulösen, der die auf dem Weg direkter oder indirekter Zitate in die Erzählung geholten religiösen Kontexte aufdeckt und dabei besonders Droste-Hülshoffs *Geistliches Jahr in Liedern auf alle Sonn- und Festtage* heranzieht.

Neben den religiösen werden von der Forschung auch andere übernatürliche Mächte namhaft gemacht, die den Lebensweg Friedrich Mergels bestimmen sollen. Am weitesten ist darin die vermutlich meistgelesene Interpretation der *Judenbuche* gegangen, die aus der Feder Benno von Wieses (1964) stammt. Wiese, darin nicht untypisch für den gelegentlich großzügigen Umgang der germanistischen Forschung mit metaphysischen Konzepten, bietet eine reiche Palette von Erklärungen des erzählten Ge-

H. Rölleke

W. Wittkowski

B. v. Wiese

schehens: Die »unbegreifliche Wirklichkeit Gottes«, »das Naturmagische«, die antike »Nemesis« (S. 170ff.) und schließlich nicht weniger als »das Ganze des Seins selbst« (S. 164) gehen eine in der Tat »merkwürdige Verbindung miteinander« ein (S. 170).

Neben den religiösen Kategorien im Sinne des Alten und Neuen Testaments hat sich forschungsgeschichtlich jedoch v. a. die des Schicksals durchsetzen können. Den Andeutungen Gundolfs folgend (1931, S. 216), haben Thomas (1959), Rölleke (1968) und Huge (1979) Bezüge der *Judenbuche* zu den romantischen Schicksalsdramen Adolph Müllners (1774–1829) und Zacharias Werners (1768–1823) aufgezeigt, von denen Annette von Droste-Hülshoff sehr beeindruckt war. Diese Bezüge liegen v. a. in der Betonung von spezifischen Daten, Zeiträumen und herausgehobenen Orten, die eine »schicksalhafte Fügung« des Geschehens suggerieren (Huge 1979, S. 62). Rölleke hat allerdings herausgearbeitet, dass die »fatalistischen« Züge v. a. die Frühfassungen der Erzählung bestimmen, in der Endfassung dann aber zu Gunsten der alttestamentlichen Vorstellung von Gerechtigkeit zurücktreten (1968, S. 418ff.).

3.2 Sozialpsychologische Interpretationen

Im Zusammenhang mit verschiedenen methodischen Neuorientierungen in den Literaturwissenschaften hat sich in den letzten 20 Jahren der Schwerpunkt des Interesses an der *Judenbuche* verschoben. Man könnte dabei von einer zunehmenden metaphysischen Ernüchterung der Interpretation sprechen, die nun verstärkt die sozialhistorischen und psychologischen Aspekte der Erzählung unterstrichen hat. Schon früh haben einzelne Untersuchungen die große Konsequenz betont, mit der Droste-Hülshoff die Genese der Mordtaten aus historischen, regionalen, sozialen, familialen und psychischen Faktoren herleite. Besonders Walter Silz (1965) ist hier vorangegangen, der Friedrich W. Silz Mergels Kindheitsgeschichte als eine moderne Fallstudie über ein vernachlässigtes Kind liest. Der Protagonist sei geprägt von den Normen und Vorurteilen seiner Zeit, und damit gehe seine

Schuld zu einem guten Teil auf die determinierenden gesellschaftlichen Faktoren zurück. Der Schluss erscheine daher als eine völlig amoralische Lösung (S. 48ff.).

Diese Sicht der *Judenbuche* ist seither in vielen Einzelaspekten weiter ausgearbeitet und differenziert worden. Winfried Freund (1969, 1998) etwa hat die Auffassung von Friedrich als Opfer einer verwahrlosten, moralisch korrupten und unbarmherzigen Gesellschaft weiter verschärft. Ronald Schneider (1979a) hat die Erzählung in psychoanalytischer Perspektive als Darstellung eines »fehlgeschlagenen Kampfes um eine individuell wie sozial sicher befestigte Identität« begriffen (S. 124), einer psychischen Situation, die in die Ichspaltung führe und in den Morden kulminiere, die die Reaktion auf eine tiefe narzisstische Kränkung seien. Gleichfalls mit psychoanalytischem Instrumentarium hat Karoline Krauss (1995) die Untersuchung der Identitätsproblematik neu aufgerollt und dabei die psychischen Folgen der Vaterlosigkeit und der ›Adoption‹ Friedrichs durch Simon sowie die darin gründenden Phänomene des Unheimlichen akzentuiert.

Wurden die sozialhistorischen und psychologischen Aspekte der Erzählung zunächst – bei Silz (1965), von Wiese (1964 und 1979), Freund (1969), Schneider (1976, 1979a und 1977/95) und Sengle (1980) – noch als einer metaphysischen Sinnschicht integriert bzw. untergeordnet betrachtet, so haben sich die neuesten Untersuchungen zur *Judenbuche* von einer solchen Annahme weitgehend und z. T. in sehr entschiedener Form gelöst. Die Arbeit von Hartmut Laufhütte (2000) etwa leugnet eine Wirksamkeit übernatürlicher Mächte im erzählten Geschehen und betont, Droste-Hülshoff habe das Muster der romantischen Schicksalsnovelle umfunktioniert »zur sozialpsychologisch motivierenden Gestaltung eines fatalen kollektiven Konditionierungsprozesses, der einen Außenseiter erst hervor- und dann umbringt«. Was von vielen Interpreten als Realpräsenz dämonischer Mächte angesehen werde, sei perspektivische Darstellung von volkstümlichem Aberglauben, von dem der »negative Sozialisationsprozeß« Friedrichs derart geprägt sei, dass dieser sich am Ende »in wörtlicher Erfüllung allgemeiner Vorurteile« selber richte.

W. Freund

R. Schneider

K. Krauss

H. Laufhütte

3.3 Dunkelheit und Verrätselung

Seit Iwan Turgenjews Bemerkung, »daß man am Ende nicht recht klug aus der ganzen Geschichte wird« (zit. n. Rölleke 1970, S. 188), hat die *Judenbuche* bei vielen Lesern Ratlosigkeit ausgelöst. Sie galt und gilt als schwer verständlich, weil dunkel und rätselhaft, und seit längerer Zeit ist genau das ein weiterer Schwerpunkt der germanistischen Forschung. Gundolfs These vom »erzählten Mysterium« – und v. a. ihre weitere Ausführung bei Rölleke (s. o.) – zielte in letzter Instanz auf den dämonisch-göttlichen Grund des Erzählten, betraf aber auch die stark verkürzende und »bewußt schwer durchschaubar« gestaltete Darstellung, die den Leser ebendadurch »auf den geheimnisvollen Hintergrund allen Geschehens, das ›Mysterium‹«, hinleiten sollte (Rölleke 1968, S. 403). Sollte sich die Rätselhaftigkeit der Erzählung in dieser Verweisfunktion als ein Oberflächenphänomen zeigen, das sich derart wieder in ›Klartext‹ auflösen ließ – Rölleke versuchte das auch im Detail an mehreren schwer verständlichen Stellen nachzuweisen –, so stellte sich der Sachverhalt in der Sicht Heinrich Henels (1967) anders und grundsätzlicher dar. Ihm zufolge nämlich liegt »der Sinn der Novelle eben in ihrer Dunkelheit« (S. 159). Henel geht zum einen von der Widersprüchlichkeit der metaphysischen Erklärungsmöglichkeiten aus, die vom Text selbst angeboten werden, zum anderen von der Unklarheit und Zweifelhaftigkeit der erzählten Ereignisse, die über bruchstückhaft mitgeteilte Indizien lediglich zu erschließen seien, und auch das ohne letzte Sicherheit. Um die Erzählung zu verstehen, sei daher eine Wendung des Blicks vom Gang der Handlung zur »Art des Erzählens« notwendig (S. 150), für die die Verwandtschaft mit der Kriminal- und mit der Detektivgeschichte charakteristisch sei. Im Unterschied zu letzterer werde hier jedoch der Leser selbst zum Detektiv gemacht, und eine Lösung der rätselhaften Fälle sei nicht gegeben. Damit wird, so Henel, eine grundsätzliche Erkenntnisskepsis zum Ausdruck gebracht: »Das Ethos der Novelle ist also nicht die Verkettung von Schuld und Sühne, sondern die Einsicht, daß Verstand und Vernunft des Menschen ohnmächtig sind, die Wirklichkeit zu erfassen und die Wahrheit zu erkennen« (S. 150).

H. Henel

Kriminal-geschichte

Die Auseinandersetzung mit Henels keineswegs unumstrittenem Beitrag hat die Forschung im Folgenden entscheidend geprägt. Clifford Albrecht Bernd (1973) sieht die Erzählstrategie der *Judenbuche* von der Gegenbewegung von »Enthüllen und Verhüllen« bestimmt, und Wolfgang Wittkowski (1986/87) bemerkt, die »Novelle verheimlicht ihren wahren Sinn« (S. 123), der damit freilich als gegeben angenommen wird und auf dem Weg der Aufdeckung sorgfältig eingestreuter »Geheimsignale« zu entziffern sei. Von besonderer Bedeutung ist in diesem Zusammenhang, dass man den Nachweis führen konnte, Phänomene wie Rätselhaftigkeit, Unauflösbarkeit und Undeutlichkeit seien nicht, wie gelegentlich behauptet wurde, als ein poetisches Misslingen anzusehen, sondern gingen vielmehr auf ein gezieltes Kalkül der Erzählerin zurück (Oppermann 1976, Kortländer 1979). V. a. der Vergleich der Druckfassung mit den handschriftlichen Vorstufen hat Droste-Hülshoffs Bemühen gezeigt, im Laufe der Überarbeitungen »planmäßig Information wegzulassen oder zu

B. Kortländer · verundeutlichen«. Das Resultat dieses Prozesses möchte Bernd Kortländer »nicht negativ als ›Dunkelheit‹, sondern positiv als Aufbrechen einsinniger Deutungsansätze fassen, als Schaffung unterschiedlicher Verstehensmöglichkeiten, die im Zuge der Textentstehung in ein gleichgewichtiges Spannungsverhältnis zueinander gebracht werden und sich so dem Leser gegenüber in ihrer Wertigkeit gleichsam ›neutral‹ verhalten« (Kortländer 1979, S. 87). Der Leser werde dabei zu einer »distanzierten und reflektierten Position« genötigt. Von ihr aus zeige sich, dass der Text »die vermutete Wahrheit« gezielt und systematisch »in eine Folge von Wahrscheinlichkeiten« zerfallen lasse (S. 98).

3.4 Erzählstrategien

Ob man die Rätselhaftigkeit der *Judenbuche* nun für auflösbar hielt oder nicht, die Beschäftigung mit ihr führte zwangsläufig zur Art und Weise des Erzählens. Henels Befund vom »Indizienstil« des Textes ging mit einigen erzähltechnischen Einsichten

Problematik · einher. Zum einen werde in der *Judenbuche* »auf die Allwissen-
der Erzähl-
instanz · heit des Erzählers verzichtet« (S. 151), der sich als bloßen Be-

richterstatter mit begrenztem Kenntnisstand ausgebe. Zum anderen seien die Kommentare des Erzählers zu dem wiedergegebenen Geschehen unzuverlässig und irreführend; sie zeigten, »daß der Erzähler die Vorgänge ebensowenig durchschaut wie der Leser« (S. 157). Allerdings musste Henel auch einige davon abweichende Aspekte des Erzählens einräumen, die sich nicht ebenso plausibel mit seiner Generalthese von der Undurchschaubarkeit der Wirklichkeit vereinbaren ließen. Im Widerspruch zu seinem beschränkten Chronistenstatus nämlich zeige sich der Erzähler mitunter durchaus im Besitz von umfassendem Wissen.

Dieser Widerspruch beschäftigt die Forschung bis heute. Die Linie der Auseinandersetzung mit ihm sowie anderen Spannungen innerhalb der Erzählinstanz erstreckt sich – nach ersten Andeutungen bei Lore Hoffmann (1948/50, S. 141ff.) – über Heselhaus (1971) und Bernd (1973) bis hin zu Rieb (1996) und Laufhütte (2000), doch sind die Ergebnisse nur zum Teil miteinander vereinbar. Ronald Schneider (1976) hat die wohl einlässlichste Untersuchung der hochkomplexen Erzählstruktur vorgelegt. Er unterscheidet zwei erzählerische Darbietungsformen: auf der einen Seite den »chronikartig-resümierenden Bericht« eines Erzählers, der mit dem »Anspruch der Wahrheitssuche und der Objektivität« auftritt, freilich mit seinen kommentierenden und wertenden Bemerkungen zugleich Zweifel an seiner Objektivität erweckt und sich auch sonst als fragwürdig erweist (S. 252ff.); auf der anderen Seite die »dialogisch-szenischen Partien«, die von der Perspektive einer Figur geprägt seien. Hier wie dort sei die Ungewissheit des Erzählten die Folge seiner Präsentation. Angesichts dieser Diskrepanz könne man nicht mehr von der Identität und Kontinuität *einer* übergreifenden Erzählinstanz ausgehen. Einheit werde freilich doch gestiftet, allerdings auf einer höheren Ebene, die Schneider als die des »gestaltenden Dichters« bezeichnet (S. 260). »Durch die Komposition, durch die Kontrastierung der sich widersprechenden Perspektiven«, besonders aber durch die sinnbildliche Überhöhung des Geschehens, die der Perspektivierung nicht unterliege, werde dem »Leser erkennbar, was sowohl den Beteiligten wie selbst dem Chronisten verborgen blieb: die ›Wahrheit‹ der hier berich-

zwei erzählerische Darbietungsformen

teten Schicksale« (S. 260, 263) – das heißt: ihre religiöse Dimension.

Dieser an weiterführenden Beobachtungen reiche Versuch einer Vermittlung des erzählerischen Perspektivismus, der alle Wahrheit relativiert, mit einer übergeordneten Sinnstiftung wurde kaum diskutiert, obwohl die Forschung nach wie vor dieselben Problemfelder bearbeitet. Hans Zeller (1978/82) hat die Mehrdeutigkeit, und stärker noch: die »›illisibilité‹ des Textes« (seine ›Unlesbarkeit‹ also) auf eine Reihe »narrativer Mittel zur Erschwerung der Lektüre« zurückgeführt und dabei gleichfalls die Rolle des »unzuverlässigen, ja irreführenden Erzählers« hervorgehoben (S. 95, 97). Wie Schneider betont auch Carmen Rieb (1996) die Heterogenität der Textstruktur und der Erzählhaltungen, vertritt dabei jedoch die These, die Fiktion der Berichterstattung sei nicht aus einem Streben nach Objektivität zu erklären. Sie habe vielmehr die Aufgabe, zum Zweck einer »fesselnden Darstellung einer allmählichen und hindernisreichen Verbrechensaufdeckung« die erzählerische Allwissenheit zu verbergen (S. 52). Erzählstrategien, die Henel und Schneider zufolge im Zusammenhang mit einem erkenntniskritischen Konzept stehen, werden hier als Teil eines kalkulierten »Verwirrspiels« angesehen, das der Lenkung des Lesers diene (S. 53f.). Im Gegensatz zu den Befunden einer heterogenen Textstruktur und einer fragwürdigen Erzählerinstanz betont Laufhütte (2000) die Einheit »eines durchgehend souverän gefügten auktorialen Darbietungsprozesses«.

3.5 Gattungsfragen

Die Vorschläge, welcher Gattung und welcher Epoche die *Judenbuche* zuzuordnen sei, stehen weithin in Abhängigkeit von den skizzierten Konzepten, also von interpretatorischen Vorentscheidungen. Seit Beginn einer wissenschaftlichen Beschäftigung mit der *Judenbuche* hat man diese, die frühe Einschätzung als ›Dorfgeschichte‹ aufgebend, vielfach als Novelle zu beschreiben versucht, ist dabei jedoch auf beträchtliche Schwierigkeiten gestoßen. Es ist zunächst festzuhalten, dass der Begriff ›Novelle‹ in

Novelle

der ersten Hälfte des 19. Jh. ein höchst unspezifisches Synonym für ›Erzählung‹ war, mit dem gelegentlich auch Romane bezeichnet wurden (Meyer 1998, Lukas 1998). Auch nach den literaturwissenschaftlichen Gattungsdiskussionen der letzten Jahrzehnte lässt sich die Gattung Novelle nur schwer und in der Regel nur über ein Bündel von Merkmalen definieren. Viele von diesen nun – die ›unerhörte Begebenheit‹ etwa, der ›Wendepunkt‹, die strenge Form usw. – können nicht problemlos auf die *Judenbuche* angewendet werden, wie Benno von Wiese ausgeführt hat (1964; vgl. Moritz 1980, S. 89ff.), freilich nur, um dann *eines* aus dem Katalog der Gattungsmerkmale zur »novellistischen Kernzone« zu erklären. Es handelt sich um die Buche, die von Wiese als das zentrale Dingsymbol, den ›Falken‹ (Paul Heyse), ansieht – ungeachtet der Tatsache, dass der Titel, der das in der Tat nahe legen könnte, nicht von Droste-Hülshoff selbst stammt (s. o.).

Aus diesen Schwierigkeiten erklärt sich die Neigung, den Begriff der Novelle, um ihn zu spezifizieren, mit anderen Begriffen zu kombinieren. Auf der Basis metaphysischer Deutungen hat man von einer »Schicksalsnovelle« gesprochen (Gundolf 1931, S. 216), während etwa Walter Silz (1965, S. 37), stärker die sozialpsychologischen Aspekte betonend, den Begriff »Entwicklungsnovelle« einführt. Das zuletzt vorgeschlagene Kompositum »Kriminalnovelle« (Moritz 1980) berücksichtigt die Strategien der Verrätselung sowie des Indizienstils und modifiziert eine der Gattungsbezeichnungen, die Droste-Hülshoff selbst verwendet hat.

Die Neigung der Autorin zum Kriminalgenre ist in der Tat unübersehbar. Nicht nur trägt der Entwurf H² den Titel *Friedrich Mergel, eine Criminalgeschichte des 18ten Jahrhunderts,* es gibt im Œuvre Droste-Hülshoffs auch weitere Texte mit kriminalistischer Thematik im Bereich von Versepik, Ballade und Prosa, hier besonders das Fragment *Joseph. Eine Kriminalgeschichte,* auf das sich möglicherweise ein Brief vom 4.8.1837 bezieht, in dem von einem weiteren Stoff »zu einer Criminalgeschichte« neben dem *Friedrich Mergel* die Rede ist. Mit Blick auf diesen Kontext, v. a. aber auf Thematik und Erzählweise haben Henel (1967), Schneider (1976, S. 266ff.), Huge (1979) und Moritz

Kriminalgeschichte

(1980) die *Judenbuche* in die Tradition der Kriminalgeschichte gestellt, die sich seit dem späten 18. Jh. in Anlehnung an die *Faits de causes célèbres et intéressantes* des Gayot de Pitaval (1735ff.) etablierte. Friedrich Schillers Erzählung *Der Verbrecher aus verlorener Ehre* (1786/1792) – die *Judenbuche* berührt sich mit ihr in verschiedenen Punkten – ist das prominenteste Beispiel dieser neuen Gattung, die das Dokumentarische mit aufklärender Belehrung und nicht selten reißerischer Unterhaltung verband. Ein besonderes Interesse galt dabei dem Problem der psychologischen Motivation und der sozialen Genese des Verbrechens.

Detektiv-
geschichte Im Unterschied dazu steht bei der Gattung der Detektivgeschichte, die ihren ersten Höhepunkt etwa gleichzeitig mit der *Judenbuche* bei Edgar Allan Poe (1809–1849) erlebt, der Vorgang der Aufklärung einer Tat im Zentrum, ein Erkenntnisprozess mithin. Dass die *Judenbuche* einzelne Züge auch dieses Genres aufweist, hat erstmals Henel festgehalten (1967; s. o.). Huge (1979, S. 65f.) und Moritz (1980, S. 101ff.) heben gleichfalls das »detektorische Erzählen« hervor und sehen in der Erzählung eine »Detektivgeschichte ohne Detektiv« (Ernst Bloch).

Sittengemälde Die zweite Gattungsbezeichnung, die Droste-Hülshoff in einem Titelentwurf selbst verwendet, ist die des »Sittengemäldes«. Sie schließt die Erzählung an das Westfalenprojekt an (s. o.) und stellt die Mordgeschichten in einen regionalen und historischen Kontext. Nur vereinzelt hat man jedoch die Auffassung vertreten, mit diesem Begriff lasse sich die Erzählung im Ganzen erfassen (Freund 1969, S. 246f.; Lietina-Ray 1979, S. 100f.), wobei dann die »Milieustudie«, d. h. die sozialen und landesspezifischen Aspekte sowie die gleichsam ethnographische Exemplarik des Geschehens, ins Zentrum der Analyse rückte. Darüber hinausgehend hat Schneider versucht, das »Sittengemälde« im Sinne einer religiösen Allegorik, der »Theologie einer Landschaft«, zu begreifen und die »Kriminalgeschichte« als ihren exemplarischen Fall (1976, S. 224, 274ff.; 1977/95, S. 104ff.). Auch Moritz (1980) kombiniert – in ganz anderer Weise – verschiedene Gattungsbezeichnungen und spricht von »Sittengemälde und Kriminalnovelle« – eine Verlegenheitslösung wie so viele Vorschläge, die die Gattung der *Judenbuche* betreffen. Eine besondere textanalytische Bedeutung erhält die These von der

Zugehörigkeit der *Judenbuche* zu verschiedenen Gattungen bei Hans Zeller (1978/82), der die Vieldeutigkeit des Textes darauf zurückführt, dass sich hier zwei semiotische Codes überlagern, »die sich schlecht miteinander vertragen«: der der Kriminalgeschichte und der des Sittengemäldes (S. 100f.).

3.6 Epochenzugehörigkeit

Nicht weniger disparat als die Zuordnungen der Erzählung zu einer Gattung fallen die zu einer Epoche aus. Von den Elementen des Schaurigen und Schicksalhaften ausgehend, lag eine Betonung des romantischen Erbes nahe (Gundolf 1931), wogegen Günter Häntzschel das Festhalten der Autorin »an einem konstruktiven, übergeordneten Weltgefüge bei gleichzeitiger Betonung des interessanten Einzelfalles« als charakteristisch für die Epoche des Biedermeier ansieht (1970, S. 183) – ebenso wie Friedrich Sengle in seiner monumentalen Darstellung der *Biedermeierzeit*: Der »empiristische Blick« Droste-Hülshoffs in Verbindung mit der »ihr besonders zugeschriebenen Hintergründigkeit, Zwielichtigkeit, metaphysischen Tiefe« verknüpften sie »mit ihrer Epoche« (1980, S. 600). Neigen die metaphysischen Deutungen, so darf man verallgemeinern, dazu, den Text der Romantik und mehr noch dem Biedermeier zuzuschlagen, so siedelt ihn seine Interpretation als Milieustudie und Kriminalgeschichte eher in der Vor- oder Frühgeschichte des Realismus an (Heselhaus 1971), zumal die Kategorie des ›Biedermeier‹ seit einiger Zeit stark umstritten ist (vgl. Laufhütte 2000). Zwischen diesen Positionen vermittelt Schneiders Versuch über *Möglichkeiten und Grenzen des Frührealismus im ›Biedermeier‹* (1979b).

Die ›realistische‹ Lesart der *Judenbuche*, die u. a. die Fiktion der Berichterstattung, die Genauigkeit der Wahrnehmung sozialer und regionaler Besonderheiten, die Stringenz der Entwicklung des ›Helden‹ und die gelegentlich schon auf den Naturalismus verweisende Krassheit der Detailwiedergabe (Schneider 1977/95, S. 105) ins Feld führt, handelt sich allerdings ebenso wie die Kritik an ihr (z. B. Rölleke 1968, S. 399ff.; Häntzschel

[Marginalie:] Biedermeier

[Marginalie:] Realismus

1970, S. 183) beträchtliche terminologische Probleme mit der Kategorie des ›Realismus‹ ein, die weit häufiger einfach vorausgesetzt als hinsichtlich der Besonderheiten der ersten Hälfte des 19. Jh. bestimmt wird. Zu klären wäre zunächst, inwiefern ›realistische‹ Aspekte des Erzählens, die es auch sonst in der Literatur der Restaurationsepoche gibt, eine Zuordnung zum ›Realismus‹ als literaturgeschichtlicher Epoche erlauben. Die schon von Walter Silz (1965) vorgenommene Zuordnung der *Judenbuche* zu jener Spielart des Realismus jedenfalls, die die zweite Jahrhunderthälfte weithin beherrschen wird, zum ›poetischen Realismus‹ nämlich, dürfte schon mit Blick auf die verhaltene Rezeption seitens der poetischen Realisten selbst (s. o.) problematisch sein.

3.7 Weitere Aspekte

Im Bereich der großen Interpretationskonzepte, die die Forschung bisher überwiegend beschäftigt haben, die bestätigt, widerlegt, differenziert oder umakzentuiert wurden, scheint derzeit alles über die *Judenbuche* gesagt zu sein. Die Untersuchung von Einzelaspekten, die bislang eher im Schatten der Gesamtinterpretationen stand, gewinnt damit zunehmend an Bedeutung. Tatsächlich ermöglicht sie gelegentlich überraschende ›Quereinstiege‹ und Lektüren gegen den Strich, die übersehene Bedeutungspotentiale im Text freilegen, wie etwa der von Villö Dorothea Huszai (1997) geführte Nachweis, die vermeintlich ›falsche Fährte‹, die den Mordverdacht von Mergel auf den Lumpenmoises lenkt, sei von größter Plausibilität. Den traditionellen Deutungslinien am nächsten steht die gesonderte Untersuchung einzelner Figuren, wobei v. a. die des Johannes Niemand Aufmerksamkeit auf sich gezogen hat (Wells 1977; Schäublin 1993), sowie die Beschäftigung mit den Problemen Schuld und Recht, die bereits in der Einleitung der Erzählung exponiert werden (Wolf 1946, S. 247ff.; Hoffmann 1948/50, S. 142ff.; Gössmann 1956, S. 122ff.; Koopmann 1979; Linder 1997). Besonderes Gewicht kommt neuerdings der Untersuchung von Rolle und Darstellung der Juden (Palmieri 1995; Chase 1997) sowie der Frauen zu (Nollendorfs 1994; Bauer Pickar 1994).

4. Epilog: Dunkle Polyphonie

Es gibt, so darf man ohne allzu große Übertreibung feststellen, kaum etwas, was über die *Judenbuche* noch nicht gesagt worden wäre. Das beginnt bereits auf der Ebene der Handlung. Dass es – um nur dies eine Beispiel zu wählen – gar keinen ernsthaften Zweifel daran geben könne, Friedrich Mergel sei der Mörder des Juden Aaron, dass dieser Zweifel durchaus berechtigt sei, dass vieles für die andere Version spreche, der Lumpenmoises sei der wahre Täter, dass man schließlich auch Johannes Niemand nicht aus dem Kreis der Verdächtigen ausschließen könne – all diese Thesen sind in der germanistischen Forschung vertreten worden. Und womöglich noch widersprüchlicher ist das Bild, wenn man sich auf die Ebene der Erklärungskonzepte begibt. Friedrich Mergel, so erfährt man hier beispielsweise, erhänge sich am Ende selbst, und zwar kraft eines unerbittlichen Schicksals, unter dem Einfluss naturmagischer oder gar zauberischer Kräfte, aus Schuldgefühl und bösem Gewissen oder aus sozialer Isolation; er werde von einem alttestamentlichen rächenden Gott verurteilt oder finde Gnade vor dem Gott des Neuen Testaments; man hat aber auch bemerkt, der schwache und schwerst geschädigte Mann könne sich gar nicht dort das Leben genommen haben, wo er schließlich gefunden wird – hoch im Baum. Auf diese Weise ließe sich noch lange fortfahren. Fast jeder Interpret hat die Geschichte Friedrich Mergels auf seine Weise neu erzählt, und es ist nicht frei von Zügen einer fast rührenden Komik, dass dies jahrzehntelang mit dem immer neu vertretenen Anspruch geschah, nun endlich die »Sinnmitte« der Dichtung aufzudecken, wie man in den Fünfziger- und Sechzigerjahren sagte – oder, wie es in der Folgezeit nüchterner, aber nicht weniger anspruchsvoll hieß: die »eigentliche Bedeutung«. Aber gibt es eine solche in dieser Form überhaupt?

Angesichts der Vielfalt unterschiedlichster Interpretationen mag es angemessen sein, ihnen nicht lediglich eine weitere hinzuzufügen, sondern stattdessen zunächst zu fragen, wie der Text selbst beschaffen ist, dass er sie alle zuzulassen scheint. Denn die Forschungsansätze entspringen ja großenteils nicht einfach einer entfesselten »Wut des Verstehens« (Friedrich Schleiermacher), sondern basieren auf dem Text und entfalten eine seiner Bedeutungsebenen – wenngleich die meisten dann dazu neigen, diesen Aspekt zu verabsolutieren.

Es liegt nahe, das Interpretationsdilemma mit dem Problem der ›Dunkelheit‹ der Erzählung in Verbindung zu bringen, denn diese vereitelt ja gerade eine Freilegung bzw. Zuschreibung von ›eindeutigen‹ Bedeutungen. Der Autorin war dies voll und ganz bewusst. Über ihr Versepos *Das Hospiz auf dem großen St. Bernhard* schreibt sie halb entschuldigend (an Schlüter, 19.7.1838), ihre Neigung zum Streichen und Verknappen habe manche Undeutlichkeit bewirkt. »Brevis esse volo, obscura fio« (»Ich möchte kurz sein und werde dunkel«), heißt es da in Anknüpfung an die rhetorische Tradition, in der die obscuritas allerdings weniger eine Tugend als vielmehr ein ›vitium‹ war, für das es jedoch gelegentliche Lizenzen gab – dann etwa, wenn es um das absichtliche Spiel mit mehreren Bedeutungen ging. Und wenig später liest man in dem dramatischen Versuch *Perdu! oder Dichter, Verleger, und Blaustrümpfe* über ein schreibendes adeliges Fräulein, das seiner Schöpferin in mehr als einem Punkt ähnelt, es scheine »ihr auch so gar nichts daran gelegen, ob sie verstanden wird oder nicht: mit ein paar Worten, mit einer Zeile könnte sie zuweilen das Ganze klar machen, und sie tuts nicht« (SW 2, S. 636). Im Gegenteil: Mit Blick auf Droste-Hülshoff selbst und die *Judenbuche* sind es, wie Kortländer (1979, s. o. 3.3) nachgewiesen hat, nicht zuletzt gerade die klärenden Worte, die im Lauf des Entstehungsprozesses einem rigorosen Ge-

Strategie der Verdunkelung

staltungswillen zum Opfer gefallen sind. Die ›Verrätselung‹ und ›Verdunkelung‹ des Textes ist also nicht etwas, was der Autorin unterläuft oder von ihr in Kauf genommen wird, es handelt sich vielmehr um eine gezielte Strategie, die sich mit Begriffen wie Verkürzung, Auslassung und Andeutung umschreiben lässt. In der Folge werden zahllose Zusammenhänge und Einzelheiten so lückenhaft präsentiert, dass sie erhebliche Verständnisschwierigkeiten bereiten und die verschiedensten Mutmaßungen und Hypothesen zu ihrer Komplettierung geradezu heraufbeschwören – man denke beispielsweise an jene Textpassage, in der die wohl von ihrem Mann misshandelte Margreth Mergel auf einem

Krautbeet mit den Händen die Erde aufwühlt (S. 13,13–23). Solche Einzelszenen jeweils für sich in ›Klartext‹ auflösen zu wollen, wie man das häufig versucht hat, ist sicherlich verständlich und legitim, geht aber *im Ganzen* an einem wesentlichen Erzählprinzip Droste-Hülshoffs vorbei.

Dasselbe Verfahren verundeutlicht auch die vom Text selbst angebotenen Erklärungskonzepte. Es sind oft nur wenige Hinweise, die den Lesern gegeben werden, um einen Zusammenhang zu suggerieren – sei es durch Kommentare des Erzählers, durch Handlungselemente oder durch die Bildlichkeit. Dass im erzählten Geschehen ›schicksalhafte Mächte‹ am Werk seien, kann man daraus erschließen, dass der Tod des Heimkehrers den Spruch in der Buche zu erfüllen scheint. Ein Hinweis, es handle sich dabei um den alttestamentlich-jüdischen Jehova, ließe sich dem Rachewunsch der Witwe Aarons entnehmen (S. 46,30–48,2). Die Einwirkung des gnädigen Christen-Gottes könnte man mit dem Mottogedicht sowie anderen Zitationen des Neuen Testaments begründen. Anspielungen auf die Realpräsenz des Bösen mag man der Beschreibung Simon Semmlers ablesen – und manch anderes wäre noch hinzuzufügen. Aber all das wird nur angedeutet, ausgesprochen wird es nicht. Der Leser selbst muss die Zusammenhänge herstellen, doch ist dabei auffällig, dass diese bruchstückhaften Sinnangebote sich nicht zu *einer* Linie fügen – weder für sich allein noch zusammengenommen –, ja dass sie vielmehr miteinander konkurrieren. Die Erzählung bietet uns nicht *eine* Erklärung des Geschehens an, sondern mehrere, und sie tut dies, indem sie gewissermaßen verschiedene Spuren legt und Indizien ausstreut. Keineswegs wird dadurch jede Interpretenwillkür gerechtfertigt. Es scheint aber illusorisch, mehr als (größere oder geringere) *Plausibilitäten* für die verschiedenen Bedeutungskomplexe herstellen zu wollen. Man darf daraus vielleicht zwei Folgerungen für die Poetik des Textes ziehen.

1. In Anlehnung an den russischen Literaturtheoretiker Michail Bachtin (1895–1975) lässt sich die *Judenbuche* als ein ›dialogisches‹, ›polyphones‹ (also mehrstimmiges) Kunstwerk bezeichnen, in dem sich mehrere verschiedene, z. T. widerstreitende Perspektiven ergänzen und zugleich brechen. Ein solches Werk

Die Judenbuche als dialogisches Kunstwerk

ist ein Konfliktfeld heterogener ›Stimmen‹ im Gegensatz zu einem monologischen Text, der von einer dominanten Stimme beherrscht und organisiert wird. Die überwiegende Mehrzahl der Interpretationen der *Judenbuche* hat diese als einen monologischen Text betrachtet und verfuhr dabei selbst monologisch, indem sie jeweils *eine* ›Stimme‹ vor allen anderen privilegierte – offenbar aus einer tiefsitzenden Furcht vor dem Zerfall der ›Einheit‹ des Textes, mit dem man im Rahmen bestimmter methodischer Vorentscheidungen lange Zeit nichts anzufangen wusste. Nur sehr vereinzelt hat man die Konkurrenz verschiedener Sinnschichten, Gestaltungsabsichten und Verstehensmöglichkeiten in der *Judenbuche* hervorgehoben (Kortländer 1979; Zeller 1978/82; Gaier 1989; Huszai 1997), sie dabei aber gelegentlich auch gleich wieder in eine »Synthese« aufzuheben versucht (Schneider 1977/95, S. 102).

Indizienstil der Erzählung

2. Droste-Hülshoffs Erzählung folgt nicht nur in den kriminalistischen und detektivischen Zügen ihrer Handlung, sondern auch im Erzählverfahren selbst einem Erkenntnismodell, das der italienische Historiker Carlo Ginzburg (* 1939) als »Indizienparadigma« beschrieben hat. Im Laufe des 19. Jh. gewinnt es gleichermaßen in den Humanwissenschaften, der Kriminalistik wie in der Literatur, hier v. a. im Abenteuerroman und der Detektivgeschichte, aber auch in vielen anderen Texten, an zentraler Bedeutung. Es handelt sich, grob gesagt, um die Erkundung von Sachverhalten aufgrund der mehr oder weniger auffälligen Spuren, die sie hinterlassen haben. Droste-Hülshoffs Erzählstrategie, ihren »Indizienstil« (Henel, s. o. 3.3), der Wahrscheinlichkeiten mittels eines Hinweises, eines Zitats, eines Zeichens aufscheinen lässt, darf man umso eher in diesen epochalen Zusammenhang stellen, als der Text ja auch inhaltlich ganz entschieden mit der Problematik der »Anzeigen«, wie die Indizien hier genannt werden, und der »Spur« (S. 35,33–35; 60,15) befasst ist. Man kann sagen, dass er selbst mit einem Verfahren arbeitet, das er zugleich im Bereich der Handlung reflektiert. Hier nun freilich erscheint das Indizienparadigma prekär und unsicher, und das kann nicht ohne Folgen für den Umgang mit dem Text im Ganzen bleiben.

Zeichen stellen in der *Judenbuche* den hauptsächlichen, aber

eben auch problematischen Zugang zur Wirklichkeit dar. Infol- Problematik der Zeichen
gedessen wird der Leser der Erzählung selbst Zeuge zahlloser
Lektüreversuche. Zu nennen sind dabei nicht nur die ›klassi-
schen‹ Indizien, die Axt mit dem ausgebrochenen Splitter, die
Friedrichs Verdacht auf seinen Oheim lenkt, oder die ominöse
Narbe, an der der Gutsherr Friedrich zu erkennen glaubt. Der
gesamte Alltag ist von Zeichen und den Akten ihrer Entzifferung
durchzogen – ob nun das Mergel'sche Haus Ansprüche und Le-
bensumstände seiner Bewohner »bezeugte« (S. 11,31), ob Margreth aus der Ähnlichkeit von Friedrich und Johannes auf dessen
uneheliche Abkunft zu schließen scheint (S. 26,19–21) – aber
auch das vermuten wir nur –, ob Friedrich vergeblich im Gesicht
seines Onkels zu lesen sucht (S. 40,2–3) oder ob abergläubische
Knechte hinter einem nächtlichen Geklapper und einem Schrei
ein Gespenst annehmen (S. 45,30–48,2). V. a. aber gehört hier-
her das für die psychologische Motivation wesentliche Moment, psychologische Motivation
dass Friedrich dem äußeren »Schein« verfällt: Um das Ansehen
der Dorfbewohner zu erzwingen, »usurpiert« Friedrich Anzeichen von Reichtum und sozialem Status, die ihm nicht zukommen (S. 40,22–27), wie sein Renommieren mit der silbernen Taschenuhr zeigt, die ihm gar nicht gehört. Wenn ihr wahrer Ei-
gentümer, Aaron, sein Geld fordert, macht er deutlich, dass das
vermeintliche Zeichen tatsächlich gar nichts bedeutet. Und genau von dieser semiotischen Konstellation, der Produktion falscher, irreführender Zeichen, nimmt bemerkenswerterweise das
weitere Unglück seinen Ausgang.
Ähnliches ergibt sich im Bereich der sprachlichen und schriftli- sprachliche und schrift- liche Zeichen
chen Zeichen. Die Erzählung führt auffällig viele institutionali-
sierte Redeformen vor, die der Wahrheitsfindung dienen sollen,
und alle laufen leer: Das gerichtliche Verhör bringt keinen Er-
kenntnisfortschritt (S. 35,31–38,23), das Geständnis des Lumpenmoises bleibt zweifelhaft (S. 52,10–20), und die Beichte
Friedrichs, der wohl am entschiedensten auf Wahrheit verpflich-
tete Redeakt, wird erst von Simon zu manipulieren gesucht und
findet dann gar nicht statt (S. 39,4–40,18). Überhaupt steht die
Kommunikation in der *Judenbuche* nicht im Zeichen von Ver-
ständigung, sondern von Misstrauen, Täuschung, Beeinflussung
und dem Versuch, den Gesprächspartner auszuhorchen. Mar-

greths ›moralische‹ Belehrung senkt in das Kind ein paradoxes Rechtsbewusstsein ein (S. 16,18–34), und die Absicht der Verstellung und Irreführung prägt so viele Gespräche, dass sie hier nicht aufgezählt werden können. Eine Lüge schickt den Förster Brandis in den Tod (S. 32,3–10), und die Aufdeckung einer weiteren Unwahrheit kostet den Juden Aaron das Leben. Auffällig ist dabei, dass gerade das Medium der Erzählung innerhalb der *Judenbuche* höchst zweifelhafte Versionen der Wirklichkeit erschafft (S. 37,25–38,4; 56,19–58,15). Und schließlich wiederholt sich der prekäre Charakter des Zeichens noch einmal anhand der Schrift: Die Bedeutung des hebräischen Spruchs in der Buche bleibt den nichtjüdischen Beteiligten verborgen. Nur der Leser wird am Ende aufgeklärt – ob er das Geschriebene dann versteht, ist damit noch nicht gesagt.

Geradezu planmäßig geht der Text so die verschiedenen semiotischen Bereiche durch: Sprache und Schrift ebenso wie die Indizien, die von den Gegenständen oder Personen, sei es mit ihrem Aussehen oder ihrem Verhalten, geliefert werden. Sie allein könnten Aufschluss geben über die Wirklichkeit und ihre unklaren Sachverhalte, könnten die Welt einer alten Wunschvorstellung gemäß ›lesbar‹ machen. Gelegentlich tun sie es, weit häufiger aber ist das nicht der Fall. Die Zeichen in der *Judenbuche* verbergen eher das Geschehen, sie stehen im Dienst gezielter Täuschung, werden missverstanden oder entziehen sich gänzlich ihrer Entzifferung. Damit wird hier in sehr grundsätzlicher Weise die Frage nach dem Zugang zur Wirklichkeit und ihrer Erkenntnis gestellt.

In der Tat markieren diese Frage sowie die semiotischen Antworten, die sie erfährt, die Nähe der *Judenbuche* zum Detektivgenre. Dieses entsteht, wie schon Walter Benjamin (1892–1940) gezeigt hat, im Zusammenhang mit der Expansion der Großstädte im 19. Jh. und dient nicht zuletzt dazu, der als bedrohlich erfahrenen Unübersichtlichkeit ein Modell der logischen Rekonstruktion und der Lesbarkeit der Realität entgegenzusetzen. Der Detektiv vom Schlage des Poe'schen Dupin oder des Conan Doyle'schen Sherlock Holmes demonstriert die tröstliche Möglichkeit der Strukturierung und der Erkenntnis der Welt in einer Situation, in der dies zunächst eher unwahrscheinlich ist.

Von einem solchen, nicht selten forcierten Erkenntnisoptimismus freilich ist Annette von Droste-Hülshoff weit entfernt. Anders aber als Henel wird man der Erzählung auch nicht einfach die Einsicht von der prinzipiellen Ohnmacht des menschlichen Verstandes und der Unerkennbarkeit der Wirklichkeit entnehmen können. Nüchterner lässt sich wohl sagen, neben all den anderen Fragen, die die Erzählung verhandelt, führe Droste-Hülshoff eine höchst komplexe Diskussion um die Möglichkeiten und die Reichweite der menschlichen Einsicht und mustere kritisch das semiotische Material der Erkenntnis. Das Indizienparadigma, wie es die *Judenbuche* darstellt, ist ein empiristisches Verfahren, es zielt entschieden auf Erkenntnis, kalkuliert aber die Begrenztheit und Unzuverlässigkeit seiner Mittel ein. Und mit Blick darauf neigt sich die Waagschale dann doch eher zur Erkenntnisskepsis. Schon das Motto-Gedicht drückt das aus, nicht anders die Erzählerinstanz, wenn sie vom Nichtbegreifen der Vergangenheit spricht (S. 10,11–12), und ebenso schließlich auch die Einsicht der Dorfbewohner, den jahrelang mit ihnen lebenden Friedrich »nicht zu kennen« (S. 41,14). Mit einem weltanschaulichen Irrationalismus, den man hier häufig am Werk gesehen hat, hat das nicht viel zu tun.

erkenntnistheoretische Probleme

Es gehört zu dieser skeptischen Zurückhaltung, dass der Erzähler (der nicht mit der realen Autorin zu verwechseln ist) sich nicht als die alles klärende Schiedsinstanz präsentiert. Seine Haltung ist uneinheitlich, ja widersprüchlich. Auf der einen Seite scheint er allwissend, kennt die Gedanken seiner Figuren und den Wortlaut ihrer geheimsten Gespräche. Auf der anderen Seite aber dominiert die Fiktion, er sei lediglich ein treuer Berichterstatter, der nichts erfinde, sondern sich an ein Geschehen halte, das »sich wirklich zugetragen; ich kann nichts davon oder dazu tun« (S. 39,2–3). Sein Wissen ist demnach begrenzt, weil an ein historisches Material gebunden, und er ist nicht in der Lage, eine verbindliche Wahrheit wiederzugeben.

Uneinheitlichkeit der Erzählhaltung

Dem entspricht der Perspektivismus des Textes. Nicht nur werden Augenzeugen und ein allgemeines Hörensagen zitiert, das von einem diffusen »man« ausgeht (»sah man«, »habe man gehört« usw.). Der Erzähler nimmt auch immer wieder den Blickwinkel der Figuren ein, erzählt also personal und bedient sich

Perspektivismus

dazu u. a. des Mittels der ›erlebten Rede‹. So treten hier die verschiedensten Stimmen und Perspektiven nebeneinander und gelegentlich auch gegeneinander. Im Verbund oder Kontrast mit anderen erfahren sie Bestätigung oder Widerspruch. Auch der Erzähler mit seinen zunächst souverän scheinenden auktorialen Kommentaren und Überlegungen, die sich näherer Betrachtung nicht selten als beschränkt und fragwürdig enthüllen, ist nur *eine* der Stimmen in dieser Polyphonie, eine besonders hervorgehobene sicherlich, aber keine, von der letzte Aufschlüsse zu erwarten wären. Zwar wird der Leser nicht selten in eine bestimmte Richtung gelenkt – beispielsweise wenn er in Simon Semmler den Mörder des Försters Brandis zu erkennen glaubt, obgleich gegen ihn nur Friedrich einen Verdacht andeutet. Sicherheit jedoch wird dabei weder durch die Stimme des Erzählers noch das erzählerische Arrangement selbst gegeben. Auch das Ensemble der sich relativierenden Perspektiven vermittelt immer wieder nur Indizien und Wahrscheinlichkeiten.

Auf der Ebene der Darstellung setzen sich derart jene Suche nach Wahrheit und jene unabgeschlossene Rekonstruktion der Wirklichkeit fort, in die die Figuren verstrickt sind. Die ›polyphone‹ Form des Textes, die nichts Definitives anbietet, sondern nur verschiedene ›Stimmen‹, Möglichkeiten und Versionen, erweist sich als genaue Entsprechung der erkenntniskritischen und erkenntnisskeptischen Fragestellungen, die schon auf der Handlungsebene aufgeworfen werden. Die Diffusität der Erzählinstanz und des erzählerischen Verfahrens reflektiert die schwere Zugänglichkeit der Wahrheit. Angesichts dieser Struktur des Textes ist mit einer ›monologischen‹ Methode der Interpretation wenig auszurichten. Das jedenfalls hat die Forschung zur *Judenbuche* mit ihren immer neuen Versuchen, *eine* der konkurrierenden Bedeutungsebenen der Erzählung zur maßgeblichen zu erheben, hinlänglich demonstriert – freilich gegen ihren Willen.

Es ist wohl nicht zuletzt diese irritierende Beschaffenheit des Textes, die ihm nach wie vor Interesse und in einer gewissen Hinsicht auch Aktualität sichert. Schon 1850 schrieb der französische Historiker Alexis de Tocqueville (1805–1859), die Gesellschaft seiner Zeit werde »nicht hier und da verändert, sie befindet sich als Ganzes in einem Prozess der Transformation«.

Aktualität der Erzählung

Man könnte vermuten, die konservative, zwischen Schloss, Dorf und Kleinstadt angesiedelte Adelswelt der Annette von Droste-Hülshoff im provinziellen Westfalen sei von den sozialen, ökonomischen und weltanschaulichen Umwälzungen der Epoche vergleichsweise wenig betroffen gewesen. Die *Judenbuche* aber, und gerade ihre Form, lehrt etwas anderes. Sie macht nämlich eine tiefe Verstörung sichtbar, die wesentliche Lebensbereiche betrifft: die kritisch gesehene Verfassung der Gesellschaft von Dorf und Gutsherrschaft etwa, ihre in Zersetzung befindliche rechtliche Basis oder die unklar gewordene Identität der Person, die sich am prägnantesten am Doppelgängermotiv zeigt.

Man muss aber wohl noch weiter ausholen: Traditionelle Konzepte zur Deutung der Welt befinden sich im Zustand der Auflösung und hinterlassen ein Vakuum. Man hat Annette von Droste-Hülshoff immer wieder als eine zwar von Zweifeln geplagte, aber doch tief gläubige Katholikin beschrieben. Ihre Erzählung jedoch lässt keine göttliche Ordnung der Dinge erkennen. Sie spielt vielmehr *verschiedene* metaphysische Konzepte an, die sich gegenseitig relativieren und ausschließen, und zeugt damit vom epochalen Zerfall der Metaphysik – ein im 19. Jh. allgegenwärtiges Phänomen, das man auch bei so verschiedenen Autoren wie Adalbert Stifter (1805–1868), etwa in seiner ungefähr zeitgleichen Erzählung *Der Hochwald* (1842), oder Gottfried Keller (1819–1890) wiederfindet.

Mit diesen Faktoren mag auch die Unklarheit und Dunkelheit des Wirklichen, die Unmöglichkeit, sichere Aussagen über es zu treffen, zusammenhängen, die die *Judenbuche* so eindringlich vor Augen führt. Droste-Hülshoff hat die expandierenden Metropolen Europas nicht gekannt, deren Erfahrung man für die Entstehung des Detektivgenres verantwortlich gemacht hat. Aber man darf sich vom ländlichen Schauplatz ihrer Erzählung nicht täuschen lassen: Ihr Blick auf die Wirklichkeit ist von derselben tiefen Verunsicherung angesichts einer Welt bestimmt, der mit den herkömmlichen Kategorien nicht mehr beizukommen ist, die sich dem Zugriff der Erkenntnis und der Sinngebung entzieht. Und das zeigt, dass zentrale Erfahrungsmuster der Moderne auch in der Provinz prägend geworden sind. *Sie* sind es, die die besondere Problematik und v. a. die Erzählweise der *Juden-*

buche hervortreiben, die bis heute zur Auseinandersetzung zwingt, weil sie sich jedem vereindeutigenden Zugriff entwindet.

5. Literaturhinweise

5.1 Ausgaben der Judenbuche

Annette von Droste-Hülshoff, *Die Judenbuche*. Mit sämtlichen jüngst wieder aufgefundenen Vorarbeiten der Dichterin hg. von K. Schulte-Kemminghausen, Dortmund 1925.

Annette von Droste-Hülshoff, *Die Judenbuche*, hg. von Heinz Rölleke, Bad Homburg / Berlin / Zürich 1970 [abgekürzt Rölleke 1970].

Annette von Droste-Hülshoff, *Historisch-kritische Ausgabe. Werke, Briefwechsel*, hg. von Winfried Woesler. Bd. V.1 und 2: Prosa. Dokumentation, hg. von Walter Huge, Tübingen 1984 [abgekürzt HKA].

Annette von Droste-Hülshoff, *Sämtliche Werke in zwei Bänden*, hg. von Bodo Plachta und Winfried Woesler, Frankfurt/M. 1994 [abgekürzt SW].

5.2 Forschungsliteratur

Gertrud Bauer Pickar, *The Battering and Meta-Battering of Droste's Margreth: Covert Misogyny in ›Die Judenbuche's‹ Critical Reception*, in: *Women in German Yearbook* 9 (1994), S. 71–90.

Clifford Albrecht Bernd, *Enthüllen und Verhüllen in Annette von Droste-Hülshoffs ›Judenbuche‹*, in: *Untersuchungen zur Literatur als Geschichte. Festschrift für Benno von Wiese*, hg. von Vincent J. Günther, Helmut Koopmann, Peter Pütz, Hans Joachim Schrimpf, Berlin 1973, S. 347–362.

Barbara Beuys, *»Blamieren mag ich mich nicht«. Das Leben der Annette von Droste-Hülshoff*, München/Wien 1999.

Jane K. Brown, *The Real Mystery in Droste Hülshoff's ›Die Judenbuche‹*, in: *The Modern Language Review* 73 (1978), S. 835–846.

Jefferson S. Chase, *Part of the Story. The Significance of the Jews in Annette von Droste-Hülshoff's ›Die Judenbuche‹*, in: *Deutsche Vierteljahrsschrift für Literaturwissenschaft und Geistesgeschichte* 71 (1997), S. 127–145.

Ernst Feise, *›Die Judenbuche‹ von Annette von Droste-Hülshoff*, in: *Monatshefte für Deutschen Unterricht* 35 (1943), S. 401–415.

Winfried Freund, *Der Mörder des Juden Aaron. Zur Problematik von Annette von Droste-Hülshoffs Erzählung ›Die Judenbuche‹*, in: *Wirkendes Wort* 19 (1969), S. 244–253.

Winfried Freund, *Der Außenseiter ›Friedrich Mergel‹. Eine sozialpsychologische Studie zur ›Judenbuche‹ der Annette von Droste-Hülshoff*, in: *Zeitschrift für deutsche Philologie* 99 (1979), S. 110–118.

Winfried Freund, *Annette von Droste-Hülshoff*, München 1998.

Ulrich Gaier, *»Concurrenzstücke«: Doppelstrukturen in Drostes Werken*, in: *In Search of the Poetic Real. Essays in Honor of Clifford*

Albrecht Bernd on the Occasion of his Sixtieth Birthday, hg. von John F. Fetzer, Roland Hoermann, Winder McConnell, Stuttgart 1989, S. 135–149.

Wilhelm Gössmann, *Das Schuldproblem im Werk Annette von Droste-Hülshoffs*, München 1956, S. 122–137.

Friedrich Gundolf, *Romantiker. Neue Folge*, Berlin 1931, S. 183–218.

Günter Häntzschel, *Annette von Droste-Hülshoff*, in: *Zur Literatur der Restaurationsepoche 1815–1848. Forschungsreferate und Aufsätze*, hg. von Jost Hermand und Manfred Windfuhr, Stuttgart 1970, S. 151–201.

Felix Heitmann, *Zur Erzählungskunst der Annette von Droste-Hülshoff. Die Objektivität in der ›Judenbuche‹*, Diss. Münster 1914.

Heinrich Henel, *Annette von Droste-Hülshoff: Erzählstil und Wirklichkeit*, in: *Festschrift für Bernhard Blume. Aufsätze zur deutschen und europäischen Literatur*, hg. von Egon Schwarz, Hunter G. Hannum, Edgar Lohner, Göttingen 1967, S. 146–172.

Clemens Heselhaus, *Annette von Droste-Hülshoff. Werk und Leben*, Düsseldorf 1971, S. 146–165.

Lore Hoffmann, *Studie zum Erzählstil der ›Judenbuche‹*, in: *Jahrbuch der Droste-Gesellschaft* 2 (1948–50), S. 137–147.

Walter Huge, *›Die Judenbuche‹ als Kriminalgeschichte. Das Problem von Erkenntnis und Urteil im Kriminalschema*, in: *Zeitschrift für deutsche Philologie* 99 (1979), S. 49–70.

Villö Dorothea Huszai, *Denken Sie sich, der Mergel ist unschuldig an dem Morde – Zu Droste-Hülshoffs Novelle ›Die Judenbuche‹*, in: *Zeitschrift für deutsche Philologie* 116 (1997), S. 481–499.

Janet K. King, *Conscience and Conviction in ›Die Judenbuche‹*, in: *Monatshefte* 64 (1972), S. 349–355.

Helmut Koopmann, *Die Wirklichkeit des Bösen in der ›Judenbuche‹ der Droste. Zu einer moralischen Erzählung des 19. Jahrhunderts*, in: *Zeitschrift für deutsche Philologie* 99 (1979), S. 71–85.

Bernd Kortländer, *Wahrheit und Wahrscheinlichkeit. Zu einer Schreibstrategie in der ›Judenbuche‹ der Droste*, in: *Zeitschrift für deutsche Philologie* 99 (1979), S. 86–99.

Herbert Kraft, *Annette von Droste-Hülshoff*, Reinbek bei Hamburg 1994.

Karoline Krauss, *Das offene Geheimnis in Annette von Droste-Hülshoffs ›Judenbuche‹*, in: *Zeitschrift für deutsche Philologie* 114 (1995), S. 542–559.

Horst-D. Krus, *Mordsache Soistmann Berend. Zum historischen Hintergrund der Novelle ›Die Judenbuche‹ von Annette von Droste-Hülshoff*, Münster 1990.

Hartmut Laufhütte, *Annette von Droste-Hülshoffs Novelle ›Die Judenbuche‹ als Werk des Realismus*, in: *Zwischen Goethezeit und Realismus. Wandel und Spezifik in der Phase des Biedermeier*, hg. von Michael Titzmann, Tübingen 2000.

Maruta Lietina-Ray, *Das Recht der öffentlichen Meinung. Über das Vor-*

urteil in der ›Judenbuche‹, in: *Zeitschrift für deutsche Philologie* 99 (1979), S. 99–109.

Jutta Linder, *Strafe oder Gnade? Zur ›Judenbuche‹ der Droste*, in: *Droste-Jahrbuch* 3 (1991–1996), S. 83–114.

Wolfgang Lukas, Novellistik, in: *Zwischen Restauration und Revolution 1815–1848*, hg. von Gerd Sautermeister und Ulrich Schmid, München / Wien 1998, S. 251–280 (= *Hansers Sozialgeschichte der deutschen Literatur*, Band 5).

James McGlathery, *Fear of Perdition in Droste-Hülshoff's ›Judenbuche‹*, in: *Lebendige Form. Interpretationen zur deutschen Literatur. Festschrift für Heinrich E. K. Henel*, hg. von Jeffrey L. Sammons und Ernst Schürer, München 1970, S. 229–244.

Reinhart Meyer, *Novelle und Journal*, in: *Zwischen Restauration und Revolution 1815–1848*, hg. von Gerd Sautermeister und Ulrich Schmid, München / Wien 1998, S. 234–250 (= *Hansers Sozialgeschichte der deutschen Literatur*, Band 5).

Karl Philipp Moritz, *Annette von Droste-Hülshoff: Die Judenbuche. Sittengemälde und Kriminalnovelle*, Paderborn / München / Wien / Zürich 1980.

Cora Lee Nollendorffs, *›. . . kein Zeugniß ablegen‹: Woman's Voice in Droste Hülshoff's ›Judenbuche‹*, in: *The German Quarterly* 67 (1994), S. 325–335.

Gerard Oppermann, *Die Narbe des Friedrich Mergel. Zur Aufklärung eines literarischen Motivs in Annette von Droste-Hülshoffs ›Die Judenbuche‹*, in: *Deutsche Vierteljahrsschrift für Literaturwissenschaft und Geistesgeschichte* 50 (1976), S. 449–464.

Aldo Palmieri, *›Die Judenbuche‹ – eine antisemitische Novelle?*, in: *Gegenbilder und Vorurteil. Aspekte des Judentums im Werk deutschsprachiger Schriftstellerinnen*, hg. von Renate Heuer, Ralph-Rainer Wuthenow, Frankfurt/M. / New York 1995, S. 9–38.

Carmen Rieb, *›Ich kann nichts davon oder dazu tun‹. Zur Fiktion der Berichterstattung in Annette von Droste-Hülshoffs ›Judenbuche‹*, in: *Erzähler, Erzählen, Erzähltes. Festschrift für Rudolf Freudenberg*, hg. von Wolfgang Brandt, Stuttgart 1996, S. 47–65.

Heinz Rölleke, *Erzähltes Mysterium. Studie zur ›Judenbuche‹ der Annette von Droste-Hülshoff*, in: *Deutsche Vierteljahrsschrift für Literaturwissenschaft und Geistesgeschichte* 42 (1968), S. 399–426.

Heinz Rölleke 1970 (s. o. 5.1).

Peter Schäublin, *Johannes Niemand: woher und wohin? Zu Annette von Droste-Hülshoffs Erzählung ›Die Judenbuche‹*, in: *Connections: Essays in Honour of Eda Sagarra on the Occasion of her 60th Birthday*, hg. von Peter Skrine, Rosemary E. Wallbank-Turner, Jonathan West, Stuttgart 1993, S. 253–262.

Ronald Schneider, *Realismus und Restauration. Untersuchungen zu Poetik und epischem Werk der Annette von Droste-Hülshoff*, Kronberg 1976, S. 249–289.

Ronald Schneider, *›Laß ruhn den Stein . . .‹ Sozialpsychologische und* *psychoanalytische Aspekte zur Interpretation der ›Judenbuche‹*, in: *Zeitschrift für deutsche Philologie* 99 (1979), S. 118–132 [1979a].

Ronald Schneider, *Möglichkeiten und Grenzen des Frührealismus im ›Biedermeier‹. ›Die Judenbuche‹ der Annette von Droste-Hülshoff*, in: *Der Deutschunterricht* 31 (1979), S. 85–94 [1979b].

Ronald Schneider, *Annette von Droste-Hülshoff*, Stuttgart / Weimar ²1995 (zuerst 1977).

Friedrich Sengle, *Biedermeierzeit. Deutsche Literatur im Spannungsfeld zwischen Restauration und Revolution 1815–1848*, Band III: *Die Dichter*, Stuttgart 1980, S. 592–639.

Walter Silz, *Realism and Reality. Studies in the German Novelle of Poetic Realism*, Chapel Hill 1965, S. 36–51.

Emil Staiger, *Annette von Droste-Hülshoff*, Zürich / Leipzig 1933.

L. H. C. Thomas, *›Die Judenbuche‹ by Annette von Droste-Hülshoff*, in: *The Modern Language Review* 54 (1959), S. 56–65.

L. H. C. Thomas, *›Die Judenbuche‹ and English Literature*, in: *The Modern Language Review* 64 (1969), S. 351–354.

Larry D. Wells, *Annette von Droste-Hülshoff's Johannes Niemand: Much Ado About Nobody*, in: *The Germanic Review* 52 (1977), S. 109–121.

Michael Werner, *Dichtung oder Wahrheit? Empirie und Fiktion in A. von Haxthausens ›Geschichte eines Algierer-Sklaven‹, der Hauptquelle zur ›Judenbuche‹ der Droste*, in: *Zeitschrift für deutsche Philologie* 99 (1979), S. 21–31.

Raleigh Whitinger, *From Confusion to Clarity. Further Reflections on the Revelatory Function of Narrative Technique and Symbolism in Annette von Droste-Hülshoff's ›Die Judenbuche‹*, in: *Deutsche Vierteljahrsschrift für Literaturwissenschaft und Geistesgeschichte* 54 (1980), S. 259–283.

Benno von Wiese, *Annette von Droste-Hülshoff: Die Judenbuche*, in: *Die deutsche Novelle von Goethe bis Kafka. Interpretationen*, hg. von Benno von Wiese, Düsseldorf 1964, S. 154–175.

Benno von Wiese, *Porträt eines Mörders. Zur ›Judenbuche‹ der Annette von Droste-Hülshoff*, in: *Zeitschrift für deutsche Philologie* 99 (1979), S. 32–48.

Wolfgang Wittkowski, *›Die Judenbuche‹: Das Ärgernis des Rätsels und der Auflösung*, in: *Droste-Jahrbuch* 1 (1986/87), S. 107–128.

Winfried Woesler (Hg.), *Modellfall der Rezeptionsforschung. Droste-Rezeption im 19. Jahrhundert. Dokumentation, Analysen, Bibliographie*, 3 Bde., Frankfurt/M. / Bern / Cirencester 1980.

Erik Wolf, *Vom Wesen des Rechts in deutscher Dichtung. Hölderlin – Stifter – Hebel – Droste*, Frankfurt/M. 1946, S. 223–358.

Zeitschrift für deutsche Philologie 99 (1979), Sonderheft: *Annette von Droste-Hülshoff, ›Die Judenbuche‹. Neue Studien und Interpretationen*, hg. von Walter Huge und Winfried Woesler.

Hans Zeller, *Zur Deutungsproblematik der ›Judenbuche‹ – semiotisch gesehen*, in: *Beiträge zur Droste-Forschung* 5 (1978/82), S. 95–104.

6. Wort- und Sacherläuterungen

Wo ist [. . .] dein eignes Haupt! –: Das mottoähnliche Gedicht 9.1–12
schlägt wesentliche Themen der Erzählung an und lässt sich z. T.
wörtlich auf das erzählte Geschehen beziehen. Es betont die Beschränktheit der menschlichen Erkenntnis und warnt vor selbst-
gerechtem Richten. Das gilt für den Leser wie für die Erzählerinstanz selbst, die sich damit im Zeichen einer poetologischen
Bescheidenheit einführt. Unverkennbar geschieht dies in Anlehnung an das Neue Testament, v. a. die Geschichte von der Ehe-
brecherin: »Wer unter euch ohn sunde ist / der werffe den ersten
stein auff sie« (Joh 8,7 in der Übersetzung Luthers). Vgl. auch
Matthäus 7,1f.: »Richtet nicht / Auff das ihr nicht gerichtet werdet. Denn mit welcherley Gerichte jr richtet / werdet jr gerichtet
werden.« Anspielungen auf diese Stellen finden sich häufig in
Droste-Hülshoffs Gedichten, v. a. im *Geistlichen Jahr*. Vgl. *Am
siebenten Sonntage nach Pfingsten*: »Da liegt der Stein, den meine sündge Hand / In Schwung zu setzen, ach, nur zu gewandt«
(SW 1, S. 440). Dabei kommt dem Bild der Waagschale, die das
göttliche Gericht bezeichnet, besondere Bedeutung zu (vgl. ebd.
S. 149, 436, 456, 479, 488f.).

geschichtlich merkwürdigen Gebirges: Der Teutoburger Wald, 9.18–19
geschichtlich »merkwürdig« (d. h. bemerkenswert) wegen der
Schlacht der Germanen gegen die Römer unter Varus im Jahre 9
n. Chr.

niedere Gerichtsbarkeit: Auch Patrimonialgerichtsbarkeit; sie 10.3
umfasste die sog. causae minores (leichtere Straffälle) und fiel in
die Zuständigkeit der Gutsherren. Vgl. *Westphälische Schilderungen*, SW 1, S. 85.

Ein Menschenschlag: Vgl. die Beschreibung der Paderborner in 10.20
den *Westphälischen Schilderungen*, SW 1, S. 75ff.

kleinen Staate: Das Fürstbistum (Hochstift) Paderborn. Es wur- 10.21
de 1803 säkularisiert und 1815 dem Königreich Preußen angegliedert.

Holz- und Jagdfrevel: Ausführlich beschrieben auch in den 10.23
Westphälischen Schilderungen, SW 1, S. 75. Vgl. Kommentar
2.1.1.

13.14 **keinem Sonntage mehr**: Mergel trinkt jetzt auch alltags. Vgl.
S. 12,3–7.

13.35 **Fest der heiligen drei Könige**: Die Zeitangaben in der *Juden-buche* sind großenteils bedeutungstragend. An dieser Stelle soll
eine unheimliche Atmosphäre geschaffen werden. Angespielt
wird mit der Datumsnennung auf den Volksglauben, der in den
›zwölf Nächten‹ zwischen Weihnachten und Dreikönig eine ge-fährliche Zeit sah, die von Zauber und Geistern besonders heim-gesucht war. Darum werden hier kurz darauf eine »Winds-braut« (S. 14,17) und der Teufel (S. 14,25) erwähnt, »und im
Schornstein rasselte es wie ein Kobold« (S. 14,18–19). Hier wie
auch sonst in der Erzählung bleiben die abergläubischen Mo-mente an die Perspektive der Figuren gebunden.

14.19 **»Mutter – es pocht draußen!«**: Es passt zum unheimlichen Cha-rakter der Szenerie, dass Friedrich hier einem jener propheti-schen »Vorschauer (Vorgucker)« gleicht, die Droste-Hülshoff
auch in den *Westphälischen Schilderungen* beschreibt: »Er hört
das Geschrei der Verunglückten, und an der Tür oder Fenster-laden das Anpochen Desjenigen, der ihn oder seinen Nachfolger
zur Hülfe auffordern wird« (SW 1, S. 99f.). Die Szene erlaubt
jedoch auch noch eine andere Deutung: Halb wissend, halb un-wissend lässt Frau Mergel ihren Mann nicht ein und wird so
mitschuldig an seinem Tod (vgl. S. 14,16–27 und S. 16,6–9) wie
später Friedrich an dem des Försters Brandis.

16.7–9 **wir wollen Jeder [. . .] Muttergottes von Werl**: Üblich sind drei
Messen für den Verstorbenen. Offenbar soll diese Zahl hier ver-doppelt werden, weil Mergel »ohne Buße und Ölung«
(S. 22,16), also ohne Absolution und daher sündenbeladen ums
Leben gekommen ist. Der Schrecken über einen solchen Tod
ohne den Segen der Kirche wird auch später noch einmal ausge-drückt (vgl. S. 35,10–11). Aus demselben Grund schlägt der On-kel die »Bittfahrt« vor. Die Franziskanerkirche in Werl (Kreis
Soest), in der sich ein Gnadenbild der Muttergottes befindet, ist
ein Wallfahrtsort. Die Nennung des Ortes enthält einen ver-steckten Hinweis auf Haxthausens *Geschichte eines Algierer-Sklaven*, wo der Judenmörder Winkelhannes eine Wallfahrt
nach Werl unternimmt (S. 75,7).

16.17 **schwarzen Bändern**: Zur Beerdigungstracht gehörte eine
schwarze Mütze mit Bändern.

»Mutter [. . .] lügen die Förster?«: Die Stelle illustriert die Zeilen 6 bis 8 des Motto-Gedichts, indem sie zeigt, wie dem kindlichen Bewusstsein Vorurteile und ein paradoxes Rechtsgefühl eingepflanzt werden. Erstmals und in einem Atemzug werden hier auch die beiden späteren Mordopfer genannt. 16.20–29

»Höre, Fritz [. . .] angehören.: Vgl. *Westphälische Schilderungen*, SW 1, S. 77. 16.30–33

Es ist gewöhnlich [. . .] Zweige lauschen sehen.: Nach dem Volksglauben findet derjenige, der ohne Beichte und Absolution umgekommen ist, keine Ruhe im Grabe und wird zum Wiedergänger. Er erscheint häufig in feuriger Gestalt, hier etwa als Irrlicht. Das Brederholz ist in der *Judenbuche* Schauplatz zentraler Ereignisse. »Hör mal an, fein's Lieseken« ist möglicherweise eine Zeile aus einem bisher noch nicht ermittelten Volkslied. 17.12–23

Simon Semmler war [. . .] wie ein Hecht: In der uralten Tradition der Physiognomik und Pathognomik, der Lehre von der Deutung der Gesichtszüge und des Gesichtsausdrucks, kommt den Augen als Seelenspiegel besondere Bedeutung zu. Der Vergleich von Simons Physiognomie mit einem Hecht deutet auf seinen raubtierhaften Charakter hin. Auch Friedrich, der unter den Einfluss Simons gerät, wird später mit einem Hecht verglichen (S. 42,34). 17.34–18.1

aufgeklärten Kopf: Die Erzählung spielt zur Zeit der Aufklärung, und das Attribut darf darauf bezogen werden. Simon will demnach als vorurteilsloser Mann von scharfem Verstand und guten Kenntnissen gelten. Der Text zeigt ihn jedoch eher als schlau und berechnend. Wenn die Erzählinstanz Simon als »beschränkt« bezeichnet (S. 18,6), dann wird das jedenfalls seinem Verhalten nicht gerecht. 18.4

»Ja, Mädchen [. . .] hilft kein Löschen.«: Simon verwendet zahlreiche Sprichwörter und geläufige Redewendungen, die auf das literarische Genre des »Sittengemäldes« hinweisen. Die Wendung »wenn ein altes Haus brennt, dann hilft kein Löschen«, unterstellt Margreth sinnliche Leidenschaftlichkeit, und das erklärt ihr heftiges Erröten. 18.16–19

»Aber ich höre [. . .] meinst du das?«: Simon horcht seine Schwester gezielt über Fähigkeiten, Eigenschaften und Beschäftigungen Friedrichs aus (vgl. S. 19,3–7). Schon hier deutet sich 18.21–19.7

an, dass Simon seinen Neffen später offenbar als Aufpasser beim Holzdiebstahl einsetzt (vgl. S. 29–32). Dieses Verhör setzt er S. 20,31–21,10 mit Friedrich fort.

20.12 **Ansehen eines feurigen Mannes:** Simon erhält nun durch die Beschreibung auch dämonische Züge. Die »Feuerflammen« und die roten Haare (S. 19,14) könnten als teuflisch interpretiert werden. Der Vergleich mit einem »feurigen Mann« weist jedoch dem Volksglauben gemäß auch auf einen Wiedergänger hin (vgl. S. 17,12–23). In der früheren Fassung H² ist das noch deutlicher (HKA V.2, S. 273 f.). In diesem Licht würde sich Simon schon hier als eine schuldbeladene verdammte Seele zeigen.

20.23–24 **in einem Zauberspiegel das Bild seiner Zukunft:** Ein Zauberspiegel (meist aus Kristall o. Ä.) galt in der frühen Neuzeit als Instrument, in dem sich die Vergangenheit aufdecken und die Zukunft lesen ließ. Friedrich erscheint zu diesem Zeitpunkt mit seinen »fast edlen Zügen« (S. 20,14) noch deutlich von Simon unterschieden (vgl. S. 19,13–15). Er ist jedoch mit ihm auch durch die »große Familienähnlichkeit« (S. 20,19) verbunden und sieht nun in seinem Onkel das, was aus ihm selber einmal werden wird.

23.32 **verkümmertes Spiegelbild:** Die Begegnung mit Simon stellt einen Wendepunkt in Friedrichs Leben dar. Im Onkel spiegelt sich ihm »das Bild seiner Zukunft« (S. 20,24), und schon einen Tag später hat er an »bewußter Würde und Selbständigkeit« gewonnen, aber auch an »ungebändigtem Ehrgeiz« und Großmannssucht (S. 24,18–19; vgl. S. 26,31–34; 27,14–28,3). In seinem Doppelgänger, der vom Text als »Friedrich« eingeführt wird (S. 23,2), also aufs engste mit seiner eigenen Person zusammenhängt, spiegelt sich das Selbst seiner zurückbleibenden verkümmerten Kindheit, das Friedrich von sich abspaltet, das ihn aber auch ständig begleitet. Wenn der Doppelgänger etwas später Johannes Niemand genannt wird (S. 24,32–35), dann deutet das an, dass Friedrichs neue Identität immer von der Gefahr des Absturzes auf den Stand eines Niemands, eines gesellschaftlichen Nichts, bedroht bleibt. Das v. a. in der Romantik beliebte Doppelgängermotiv wird von Droste-Hülshoff auch sonst verwendet, so etwa in dem Gedicht *Das Spiegelbild* oder in der Ballade *Das Fräulein von Rodenschild*.

»Ein falscher Eid [. . .] vor Gott bestehen!«: Margreth nimmt 25.25–27
an, Johannes sei ein unehelicher Sohn Simons, der dies aber offenbar schon einmal abgeschworen hat (vgl. S. 26,17–21). Das
geht sehr viel deutlicher aus H² hervor (HKA V.2, S. 284) – wobei festzuhalten ist, dass die dort gegebenen Erklärungen nicht
einfach in die Endfassung eingelesen werden können, da ja die
Verknappung und Verdunkelung der Zusammenhänge ganz gezielt erfolgte. Aufgrund ihres Verdachts gegen den Bruder möchte Margreth auch nicht, dass die beiden Jungen zusammen gesehen werden (S. 25,20–21), weil man dann leichter ihre Familienähnlichkeit erkennen kann. Margreths »tiefster Jammer«
gilt weniger dem Faktum der Unehelichkeit als dem Verbrechen
des Meineids.

Ähnlichkeiten wollen nichts [. . .] wenige verlieren soll!: Mar- 26.20–25
greth versucht sich damit zu trösten, die Ähnlichkeit zwischen
Friedrich und Johannes könne auch bloßer Zufall sein. Sie ent-
hüllt mit dieser gezielten Selbsttäuschung aber nur, dass Johannes nicht das erste uneheliche Kind in der Familie ist.

Hirtenamte wieder nachzugehen [. . .] den Bäumen rup- 27.28–28.3
fend.: Im Gegensatz von »Dorfelegant« und »Hirtenbub« kehrt
die Konstellation des Doppelgängertums wieder.

Blaukittel: Der blaue Kittel wurde im Paderbornischen allge- 28.6
mein als Arbeitskleidung getragen.

»Herr Brandis, denkt an meine Mutter!«: Die Szene, die in H² 31.1–2
breiter angelegt war (HKA V.2, S. 290ff.), ist hier elliptisch und
schwer verständlich. Friedrich steht offenbar für die Blaukittel
Wache und warnt sie mit seinem Pfiff (S. 30,14; vgl. S. 36,30–
35). Beim Auftauchen des Försters versucht er dessen Verdacht
zu zerstreuen, indem er vorgibt, der Pfiff habe dem Hütehund
gegolten. Durch die Unaufmerksamkeit des Hundes habe das
Vieh die »jungen Baumspitzen« abfressen können, was gegen
die »Forstgesetze« verstößt (S. 29,31; vgl. S. 30,29–31). Obwohl er weiß, wessen ihn der Förster verdächtigt, tut er so, als
gelte dessen Erregung nur dem Verstoß gegen die Hüteordnung,
und bittet ihn indirekt um Nachsicht für das leichte Vergehen,
und zwar um seiner Mutter willen, die seiner Unterstützung be-
darf. Damit wird hier ein gezieltes Aneinandervorbeireden in-
szeniert.

31.21 **Kristallkugeln**: Friedrichs Augen werden immer wieder in dieser Weise beschrieben, und das ist ein bedeutungstragendes physiognomisches Detail. Zunächst erscheint die »fast glasartige Klarheit« seiner Augen als »Ausdruck« eines »selbstischen«, von extremem »Ehrgeiz« getriebenen Charakters (vgl. S. 24,13–18; vgl. S. 29,27). Wenn die Augen hier wie Kristallkugeln aus dem Kopf schießen wollen, dann deutet das darauf hin, wie sehr Friedrich durch den Förster in seinem übersteigerten Selbstgefühl verletzt wird. Das erklärt Friedrichs weiteres Verhalten. Über das Aussehen seiner Augen wird Friedrich überdies erneut mit Simon verbunden (vgl. S. 17,35).

31.26 **ich vielleicht auch**: Auch dieser Teil der Szene war in H² ausführlicher und ist hier elliptisch. Von Friedrichs Verhalten provoziert, beschimpft der Förster Friedrich und seine Mutter als »Lumpenpack«. In der früheren Fassung hatte Friedrich darauf mit einer Verhöhnung von Brandis' Mutter reagiert, und darauf bezog sich die scheinbar versöhnliche Feststellung, auch er habe wohl zuviel gesagt (vgl. HKA V.2, S. 293). Im vorliegenden, stark verknappten Kontext hat der Satz keinen erkennbaren Anknüpfungspunkt mehr.

32.23–25 **Gereute es ihn [. . .] gebeten zu haben?**: Es handelt sich hier um einen jener fragwürdigen Kommentare des auktorialen Erzählers, die unter dem Wissensniveau bleiben, das der Text selbst bereitstellt, und als falsche Spur im Sinne des Kriminalgenres verstanden werden können. Denn wie die folgenden Ereignisse zeigen, gilt Friedrichs Unruhe zweifellos nicht dem hier genannten Motiv, sondern dem weiteren Schicksal, dem er den Förster ausliefert, indem er ihm den falschen Weg weist.

34.12 **heute morgen**: Zweifelhafte Zeitangabe. Brandis ist am selben Tag um zwei Uhr früh ausgezogen (vgl. S. 36,15–16) und zwischen vier und fünf Uhr morgens erschlagen worden. Entweder meint Margreth also ›heute Nacht‹ oder ›gestern Morgen‹.

34.17–19 **»Gott im Himmel [. . .] was er tat!«**: In Anlehnung an die Worte Christi am Kreuz: »Vater vergib jnen / Denn sie wissen nicht was sie thun« (Lk 23,34). Es ist unklar, wen Margreth meint: den Förster, der nach seiner Beschimpfung der Mergels »ohne Beichte und Absolution« ums Leben gekommen ist (vgl. S. 35,3–11), oder den Mörder.

»wenn die Kinder [. . .] in's Herz!«: Westfälisches Sprichwort, 35.29–30
nachgewiesen u. a. im Nachlass der Brüder Grimm.

ich kann nichts davon oder dazu tun: Der erzählerische Wahr- 39.3
heitsanspruch wird durch ein Bibelzitat betont und abgesichert:
»Vnd nu höre Jsrael die gebot und Rechte / die ich euch lere / das
Jr sie thun solt [. . .] Jr solt nichts dazu thun / Das ich euch
gebiethe / Vnd solt auch nichts dauon thun / Auff das Jr bewaren
mügt die Gebot des Herrn ewrs Gottes / die ich euch gebiete«
(5.Mose 4,1f.).

»Denk an [. . .] das Sakrament unwürdig.«: Simon versucht, 39.21–25
Friedrich zu verunsichern und im Sinne der Geheimhaltung einer
Mitwisserschaft zu beeinflussen. In 5.Mose 5,20 lautet das achte
Gebot: »Dv solt kein falsch Zeugnis reden wider deinen Nehes-
ten.« Friedrich deutet diesen Manipulationsversuch als Schuld-
eingeständnis (S. 39,26–40,2), zumal er offenbar die Tatwaffe
als diejenige Simons erkannt hat (vgl. S. 38,9–20).

setze armen Leuten [. . .] nicht reden darf: Mit dem »Spion« ist 40.11–14
wohl der Geistliche gemeint, der zwar über das in der Beichte
Gehörte »nicht reden darf«, aber Mittel und Wege finden wird,
sein Wissen über Simon zu erweitern und diesem zu schaden.
Simons Verteidigungsstrategie gegenüber Friedrich ist also widersprüchlich: Einerseits leugnet er indirekt die ihm indirekt un-
terstellte Tat, andererseits gibt er mit seinem Versuch, Friedrich
am Beichten zu hindern, zu, dass er etwas zu verbergen hat.

blaue Montag: Die Sitte, am Montag nicht zu arbeiten (›blau- 41.28
zumachen‹), kommt in der frühen Neuzeit auf. Im Mittelalter ist
nur der Fastnachtsmontag arbeitsfrei.

Hochzeit: Vgl. die Hochzeitsbeschreibung in den *Westphäli-* 41.32
schen Schilderungen, SW 2, S. 93–96. Die Darstellung in der
Judenbuche verweist auf das Genre des *Sittengemäldes*.

Papen van Istrup: Pape: Pfaffe. Istrup: Ort bei Bad Driburg. 42.28–29
Vgl. *Westphälische Schilderungen*, SW 2, S. 79f.: »[N]achher
geht Jeder seinem Jubel bei Tanz und Flasche nach, bis sich Alles
zum ›Papen van Istrup‹ stellt, einem beliebten Nationaltanz, einem Durcheinanderwirbeln und Verschlingen, was erst nach
dem Lichtanzünden beginnt, und dem ›Reisenden für Völker-
und Länderkunde‹ den Zeitpunkt angibt, wo es für ihn geratener
sein möchte, sich zu entfernen, da fortan die Aufregung der Gäs-

te bis zu einer Höhe steigt, deren Kulminationspunkt nicht voraus zu berechnen ist.« Genau das ist auch in der *Judenbuche* der Fall.

42.34 **Hecht**: Friedrichs Entwicklung unter dem Einfluss Simons wird mit Hilfe von Tiervergleichen beschrieben. Am Anfang erscheint er als scheues »Reh« (S. 18,30), dann als geltungssüchtiger Gockel (S. 42,18), nun als Raubfisch. Damit scheint er sich ganz seinem Onkel angeglichen zu haben, der gleichfalls mit einem Hecht verglichen wird (S. 18,1).

44.7 **Brautmenuet**: Ein Menuett ist ursprünglich ein aus Frankreich stammender, mäßig schneller höfischer Tanz im 3/4-Takt; hier wohl in weiterem Sinn gebraucht. Vgl. *Westphälische Schilderungen*, SW 2, S. 95f.

44.22 **weiße Stirnbinde**: Vgl. *Westphälische Schilderungen*, SW 2, S. 96: »[P]lötzlich verstummt die Musik, der Kreis stäubt auseinander, und alles strömt [. . .] der weinenden Braut nach, die jetzt zum letzten Male umgekleidet und mit Anlegung der fraulichen Stirnbinde symbolisch von ihrem Mädchentum geschieden wird, – ein Ehrendienst, was den (sogenannten) Nachbarinnen zusteht.« Es handelt sich mithin um die westfälische Form, ein Mädchen ›unter die Haube‹ zu bringen. Das Weinen der Braut gehört zu den Riten der Trennung von einem Lebensabschnitt und der Herkunftsfamilie.

44.27–29 **Bräutigam des hohen [. . .] wie die Morgensonne**: Das ›Hohe Lied‹ ist ein Buch des Alten Testaments, eine Sammlung israelischer Liebeslieder, die fälschlicherweise Salomo zugeschrieben wurde, tatsächlich aber nicht vor dem 3. vorchristl. Jh. aus z. T. älteren Texten angelegt wurde. Das Zitat stammt jedoch nicht aus dem Hohen Lied, in dem der Freund und Geliebte allerdings buchstäblich und symbolisch eine große Rolle spielt, sondern aus Psalm 19,5–6: »Er hat der Sonnen eine Hütten in den selben gemacht. / Vnd dieselbe gehet her aus / wie ein Breutigam aus seiner Kamer.«

44.34 **Dreifuß**: Ein Kochgerät mit drei Füßen, das hier wohl als Visierinstrument eingesetzt wird. Es handelt sich um einen westfälischen Brauch mit offenbar erotischem Unterton.

45.15 **wiegt ihn gegen ein Schwein**: Das Schwein ist nach dem mosaischen Gesetz ein unreines Tier und gilt auch im Christentum als

Inbild des Unsauberen, Unkeuschen und Unmäßigen. Das Aufwiegen des Juden gegen ein Schwein bedeutet eine Gleichsetzung mit dem Tier und eine tiefe Demütigung. Obwohl die christliche Hochzeitsgesellschaft dem insgeheim wenig geachteten Friedrich die Blamage gönnt und einige den Vorwurf für berechtigt halten (vgl. auch S. 41,2–21), nimmt man das Ereignis doch zugleich zum willkommenen Anlass, dem antisemitischen Vorurteil freien Lauf zu lassen.

Mittel wider allen Hexen- und Geisterspuk: Ein auf eine Stange oder den Gartenzaun gesteckter Pferdekopf diente als Abwehrzauber gegen Unheil und böse Geister. 46.10

Evangelium Johannis beten [. . .] war das Wort.«: Der Prolog des Johannes-Evangeliums (1,1–14), an dessen Beginn die hier zitierten Zeilen stehen, diente als Abwehrmittel gegen Unheil bei Gewittern. Bei nächtlichen Unwettern war es üblich, dass die Hausbewohner aufstanden und gemeinsam beteten. 46.22–24

»Aug um Auge, Zahn um Zahn!«: 2.Mose 21,24. Kernsatz des Talionsprinzips, d. h. der Vergeltung von Gleichem mit Gleichem, das u. a. im jüdischen Recht galt. Gegen dieses Prinzip wendet sich Jesus in der Bergpredigt ausdrücklich (Matthäus 5,39). Der Konflikt von alt- und neutestamentlichen Rechts- bzw. Gnadenvorstellungen in der *Judenbuche* ist in der Forschung v. a. mit Blick auf Anfang und Schluss der Erzählung ausführlich diskutiert worden (vgl. den Forschungsüberblick 3.1). 47.35–48.1

Herr von S. selbst Zeuge eines Auftritts gewesen war: Geht aus dem Text nicht hervor. Der Gutsherr ist offenbar erst *nach* dem Auftritt dazugekommen (vgl. S. 44,20–45,18). Im Anschluss an diese Unstimmigkeit fragt sich, ob durch sie nicht ein zweifelhaftes Licht auf das Urteilsvermögen des Gutsherrn geworfen wird (vgl. Huszai 1997, S. 494). 48.5

ohne persönliches Geständnis nichts beweisend: Nach den Prinzipien des damaligen Kriminalrechts waren mehrere Tatzeugen oder – und v. a. – das Geständnis des Täters die Voraussetzung seiner Verurteilung. Eine Beweisführung allein aufgrund von Indizien (»Anzeigen«) war nicht ausreichend und gewann erst im Lauf des 19. Jh. kriminalrechtliche Bedeutung. 50.23–24

אִם תַּעֲבוֹר בַּמָּקוֹם הַזֶּה יִפְגַּע בְּךָ כַּאֲשֶׁר אַתָּה עָשִׂיתָ לִי: Vgl. S. 63,10–11. 51.27

Droste-Hülshoff hat sich vermutlich den von ihr formulierten Spruch von dem Münsteraner Arzt Alexander Haindorf (1782–1862) ins Hebräische übersetzen lassen (vgl. HKA V.2, S. 243).

52.5–6 **Le vrai n'est pas toujours vraisemblable**: »Das Wahre ist nicht immer wahrscheinlich.« Damit wird an dieser Stelle die Feststellung formuliert, Mergels Täterschaft sei wahrscheinlich, im Lichte der neuen Erkenntnisse aber wohl nicht wahr, wie umgekehrt möglicherweise der Lumpenmoises der wahre Mörder sei, ohne dass das bisher wahrscheinlich schien. Der Satz, der in der *Judenbuche* nicht nur eine kriminalistische, sondern auch eine poetologische Dimension hat, stammt aus Nicolas Boileaus *L'Art Poétique* (1674), Chant III, V. 47f.: »Jamais au Spectateur n'offrez rien d'incroyable. / Le Vrai peut quelquefois n'estre pas vraisemblable« (»Führen Sie dem Zuschauer niemals Unglaubwürdiges vor. / Das Wahre kann zuweilen unwahrscheinlich sein«). Der Satz ist im 18. und 19. Jh. derart Allgemeingut, dass Droste-Hülshoff ihn auch aus anderen Quellen gekannt haben kann. Auffällig ist, dass er nicht zuletzt in kriminalistischen und rechtlichen Zusammenhängen zitiert wird, z. B. in der 1820 erschienenen Erzählung *Das Fräulein von Scuderi* (in: *Die Serapions-Brüder*, München 1976, S. 700) von E. T. A. Hoffmann (1776–1822). In der Novelle *Michael Kohlhaas* (1810) von Heinrich von Kleist (1777–1811) wird der Satz in deutscher Umschreibung wiedergegeben: »[W]ie denn die Wahrscheinlichkeit nicht immer auf Seiten der Wahrheit ist« (in: *Sämtliche Werke und Briefe*, hg. von Helmut Sembdner, München [8]1985, Bd. 2, S. 96). Vgl. auch Kleists *Amphitryon* (1807), ebd., Bd. 1, S. 268.

52.11 **Schlemmingschen Bande**: Eine aktenmäßig bezeugte berüchtigte Diebesbande, die in den 1780er Jahren in Hessen ihr Unwesen trieb.

53.23–32 **Ein Kindelein [. . .] von der Hölle!**: Ein damals weit verbreitetes, wohl aus dem 15. Jh. stammendes vierstrophiges Lied. Es ist in verschiedenen Münsterschen Gesangbüchern des 19. Jh. abgedruckt. Vollständiger Text in SW 2, S. 809. In der *Judenbuche* gehören Lied und Weihnachtsfest in eine Linie mit anderen Hinweisen auf den neutestamentlichen Erlösungs- und Gnadengedanken (vgl. S. 9,1–12; S. 34,17–19; S. 46,22–24), der hier im Gegensatz steht zum alttestamentlichen Vergeltungsprinzip.

In Freiburg hatten [. . .] anwerben lassen: Freiburg gehörte bis 57.14–16
zum Reichsdeputationshauptschluß 1803 zu Vorderösterreich.

Krieg mit den Türken: Im dargestellten Zeitraum fanden keine 57.22
kriegerischen Auseinandersetzungen zwischen Österreichern
und Türken statt. Es handelt sich also um eine Fiktion.

hob den Finger warnend auf: Ein Fluchtversuch erscheint dem 58.1–2
Gutsherrn mit Blick auf den vermeintlichen Johannes und seinen
körperlichen Zustand offenbar unglaubwürdig. Es ist unwahrscheinlich, dass hier von einem Selbstmordversuch die Rede ist,
wie in der älteren Forschung gelegentlich behauptet wird. Vgl.
die ausführlichere Darstellung in H⁷ (HKA V.2, S. 391).

Äquinoktiums: Zeit der Tagundnachtgleiche am Frühlingsan- 59.33
fang um den 21.3. und am Herbstanfang um den 23.9. – wie-
derum ein symbolisch überhöhtes Datum. Auch für Droste-
Hülshoff selbst war das Äquinoktium eine Zeit gesteigerter
Reizbarkeit und gesundheitlicher Anfälligkeit (vgl. z. B. den
Brief vom 9. 11. 1847). Es handelt sich jedoch zugleich auch um
einen literarischen Topos; vgl. E. T. A. Hoffmanns Erzählung
Der Magnetiseur von 1814/15 (in: *Fantasie- und Nachtstücke*,
München 1976, S. 144f.).

Eine breite Narbe [. . .] in tiefer Erschütterung.: Die Narbe als 62.33–63.2
ein besonderes Kennzeichen Mergels wird hier erstmals erwähnt
und muss überraschend wirken. Das Motiv geht jedoch bereits
auf die ersten Entwürfe zurück (vgl. H¹, HKA V.2, S. 257). Indirekt vorbereitet ist es im Text durch die Erwähnung des Odysseus (S. 9,23), der sich Polyphem gegenüber den gleichen Namen
»Niemand« gibt, den »Johannes« (alias Mergel) hier trägt, und
der nach der Heimkehr von seinen Irrfahrten von seiner alten
Amme gleichfalls an einer Narbe erkannt wird (*Odyssee*
19,386ff.). Überhaupt ist die Narbe als Erkennungszeichen ein
verbreitetes literarisches Motiv. In Droste-Hülshoffs *Geistli-
chem Jahr* hat sie darüber hinaus eine symbolische Dimension:
Wiederholt erscheint dort die Narbe als »Zeichen«, als »Kains-
zeichen«, das die Sünde hinterlassen hat (vgl. Rölleke 1968,
S. 425). – Im Falle des Heimkehrers in der *Judenbuche* ist die
Narbe allerdings nicht der einzige Hinweis auf seine wahre Identität. Er wird vom Text zwar konsequent »Johannes« genannt,
doch deutet Verschiedenes darauf hin, dass es sich um Mergel

handelt oder doch handeln könnte: der Ausspruch »ganz umsonst so viel ausgestanden« (S. 55,19–20), die Gewohnheit des Schnitzens (S. 29,19–21; 58,30; 60,22–23), die silbernen Knöpfe (S. 61,12–14), die vielleicht zu Mergels Hochzeitsrock gehörten (S. 42,18–20), sowie schließlich die Anzeichen von Gewissensangst, die Mergel auf den Kirchhof treibt und ihn das Brederholz zugleich suchen und meiden lässt (S. 56,6–10; 59,18–25; 60,29–30).

63.2–6 **»Es ist nicht recht [. . .] dem Schindanger verscharrt.**: Da die katholische Lehre den Selbstmord als schwere Sünde gegen das 5. Gebot betrachtet, verbot sie das kirchliche Begräbnis der Selbstmörder in geweihter Erde. Diese wurden auf freiem Feld, unter dem Galgen oder eben auf dem »Schindanger« vergraben, dem Ort, wo der Abdecker (Schinder) toten Tieren die Haut abzog und sie ›entsorgte‹ (vgl. auch Haxthausen, S. 78,12–16). Darauf bezieht sich wohl auch der Satz des Gutsherrn: Der »Unschuldige«, der an Stelle des Schuldigen leiden müsste, wäre Johannes, dessen Ruf durch die Tat und die schimpfliche Beerdigung Schaden nähme, würde nicht die wahre Identität des Selbstmörders offengelegt. – Die Beteiligten gehen demnach von einem Selbstmord Mergels aus, und die meisten Interpreten sind dieser Deutung gefolgt. Sie liegt mangels einer besseren nahe, doch hat sich der Forschung schon früh die irritierende Frage gestellt, wie denn der »armselige Krüppel« (S. 60,7–11) so hoch in den Baum habe gelangen können – zumal Haxthausens Winkelhannes eine viel nachvollziehbarere Methode, sich zu erhängen, gewählt hatte (vgl. S. 79,7–12).

63.8 **1788**: Mergel kehrt am Heiligen Abend des Jahres 1788 zurück (S. 53,4) und kann sich demnach nicht im September desselben Jahres das Leben nehmen. Die Forschung hat ausführlich die Frage diskutiert, ob es sich um ein Versehen Droste-Hülshoffs handelt oder ob der falschen Jahreszahl eine Bedeutung zukomme. Man hat zum einen eine zahlensymbolisch-fatalistische Lesart vorgeschlagen, die von der wiederholten Betonung der Zahl 28 ausgeht (Huge in: HKA V.2, S. 246ff.), zum anderen hat man vermutet, Droste-Hülshoff habe den Erzählschluss auf den Vorabend der Französischen Revolution verlegen wollen (Schneider, Koopmann), jene Zeitenwende, auf die bereits im Eingangsabschnitt der *Judenbuche* angespielt wird (vgl. S. 10,8–12). Ungeklärt bleibt dann aber, warum Droste-Hülshoff das Datum von Friedrichs Rückkehr nicht in 1787 korrigiert hat.

Schrift an dem Baume: Ein paralleles Motiv findet sich in Droste-Hülshoffs Ballade *Die Vergeltung* (SW 1, S. 252ff.), die im Entwurf den Titel *Gottes Hand – die Vergeltung* trug. Hier lassen sich die in einen Balken eingegrabenen Worte als Hinweis auf die göttliche Gerechtigkeit verstehen. 63.9

»du verflogte Schinnerteven [. . .] mi gedenken sast.«: »Du verfluchter Schinderhund von einem Juden, du willst mich ja nur betrügen. Eh ich dir den halben Taler in den Rachen schmeiße, will ich mir lieber den kleinen Finger mit den Zähnen abbeißen, und wenn du mir noch mal kommst, so hau ich dir die Jacke so voll, dass du dein Lebtag an mich denken sollst.« 67.15–20

»Ei wat wust [. . .] man 'n Jaude!«: »Ei, warum willst du denn das bezahlen. Ich schlüge ja lieber den Juden vor den Kopf, dass er den Himmel für einen Dudelsack ansähe, es ist doch nur ein Jude!« 67.27–30

Annotirbuch: Die Juden waren verpflichtet, in ein Geschäftsbuch Einnahmen, Ausgaben und Datum einzutragen. Die Niederschrift der Ausstände hatte als Schuldschein Geltung. 68.2

Töf, ek will di kalt maken!«: »Wart nur, ich will dich kaltmachen!« 68.6

»I wenn du [. . .] dahenup to jagen«: »Ach, wenn du weiter nichts gewollt hast als das, so hättest du mich auch nicht hier heraufzujagen brauchen.« 68.14–16

»wenn du noch [. . .] med den Minschen«: »Wenn du noch nach Hause willst, so mach, dass du vor der Dunkelheit durch das Holz [den Wald] kommst. Die Nacht meint es nicht gut mit den Menschen.« 68.27–29

da häwwet se [. . .] na Duderstat hen!: »›Da haben sie ihn!‹ Worauf der andere: ›Ach, wie sollen sie ihn denn haben, der ist längst über alle Berge!‹ ›Wo kann er denn wohl hingelaufen sein?‹ ›Ach, was weiß ich, nach Ueßen, nach Preußen, nach Duderstadt hin!‹« Der letzte Satz ist eine Redensart, die wohl meint, jemand sei über die Grenze nach Preußen entkommen. Eine »Üsse« ist eine Kröte; damals als Schimpfwort für die unbeliebten Preußen gebräuchlich. 70.7–10

70.34–35 **Fürstbischof von Paderborn**: Friedrich Wilhelm von Westfalen zu Fürstenberg, Regierungszeit 1782–1789.

73.18 **von Coninx**: Peter Heinrich von Coninx, Regierungspräsident in Paderborn von 1803 bis 1807.

74.6–16 **»nu seg mal [...] ganz daut schlahen.«**: »›Nun sag mal, Hermann, du brauchst ja jetzt doch nichts‹ mehr zu fürchten, wie ist das gekommen mit dem Juden, dass du den vor die Stirn geschlagen hast?‹ ›Ach, das will ich Euer Gnaden sagen, ich wollte ihn nicht totschlagen, sondern nur tüchtig durchprügeln. Wie ich ihn aber so an den Kragen fasste, da riss er sich los, und gab mir einen [Schlag] mit seinem dürren Stock, der mir höllisch wehgetan hat. Da schlug ich ihn in der Wut gleich mit meinem Knüppel über den Kopf, dass er schnell zusammengeklappt ist wie ein Taschenmesser. Da dacht ich: jetzt ist es doch vorbei, nun musst du ihn auch ganz totschlagen.‹«

74.25–26 **»Hermen Hermen [...] un Schanne is.«**: »›Hermann, Hermann, mit dir ist es nicht richtig, du hast was auf der Seele, gebe Gott, dass es nicht Unglück und Schande ist.‹«

76.1–4 **als er aber [...] von Algier gebracht.**: Die Version der Gefangennahme, die hier gegeben wird, stimmt nicht mit der in Winkelhannes' Brief an den Fürstbischof überein (vgl. S. 71,24–26).

77.21 **Hieronymus Bonaparte**: Jérôme Graf von Montfort (1784–1860), jüngster Bruder Napoleons, 1807–1813 König von Westfalen. Zu den historischen Ereignissen, die hier angesprochen werden, vgl. Werner 1979, S. 23ff.

78.7 **Carl H..n**: Carl August Maria Freiherr von Haxthausen (1779–1864), Domherr in Corvey und Hildesheim, ein Bruder des Verfassers und Onkel der Annette von Droste-Hülshoff.

79.16–19 **O dat sull [...] en abtoschwören.**: »Oh, das kann ich mir nicht vorstellen, ich habe doch so lange dafür Buße getan und habe an meinem Glauben festgehalten, als sie mich überreden wollten, ihm abzuschwören.«